SUSPIROS

Luis Alejandro Briones Ramón

EDIQUID

SUSPIROS
© Luis Alejandro Briones Ramón

Editado por: Corporación Ígneo, S.A.C.
para su sello editorial Ediquid
Caracas, Venezuela
Primera edición, julio, 2022

ISBN: 978-980-436-040-4
Depósito legal: DC2022001028

www.grupoigneo.com
Correo electrónico: contacto@grupoigneo.com
Facebook: Grupo Ígneo | Twitter: @editorialigneo | Instagram: @grupoigneo

Diseño de portada: Susana Santos
Corrección: Marcos González
Diagramación: Gisela Toledo

Colección: Nuevas Voces

Índice de contenido

Telón arriba

Te invito a leer, pero será bajo tu propio riesgo.

Esto puede consolarte o perturbarte, tú eliges lo que te llevas.

Puedes encontrar esperanza y media página después,
dolor y desdicha.

Escribí con el corazón lleno de flores, en pedazos y herido,
otras veces solo fui víctima del deseo.

La poesía hizo realidad lo que no pudo ser y plasmó lo que sí
fue de una forma discreta.

Solo las musas saben leer mi verso especular. ¿Alguno será
para ti?

Bienvenido/a al burdel en donde se puede ver mi alma desnuda.

Está prohibido irse sin acariciar.

Telón arriba.

Oficio

Y si te preguntan de qué morí, diles que fue por tantos suspiros.
Que me ahorqué con una cuerda a la que llamé melancolía.
Que quise usar el dolor a mi beneficio, pero que al final
me traicionó.
Que la regresión al servicio del yo fue muy adictiva, que no me
importaron las sobredosis.
No hui, solo me fui antes, quise retratar a la luna y al fracasar
me aventuré a bajarla.
También en eso perdí y lo único que conseguí fueron palabras
que intentaron imitar su luz.

Roces

Busqué una tregua con mi almohada, me odia desde que ya no
vienes, le encantaba oler tu pelo.
Las llamadas que no contesté fueron los mensajes que tú
no viste.
Aquí no hubo victoria, solo quedamos dos ciegos heridos
dos adultos que discutieron sus problemas de adultos con
argumentos infantiles.
Y si la reconciliación está a la vuelta de la esquina, nosotros
preferimos no caminar.
Corazones testarudos fumando orgullo, pero el humo dice
«te extraño».

Inocente culpable

Esa fuerza que te hace sucumbir, el religioso afirmará que es el diablo, el psicoanalista le dirá ello, pero al final eres tú.

Tantas identidades, tantos culpables inocentes no engañan a la consciencia.

Y aunque no haya un juicio moral en tu contra, aunque nadie te descubra, aunque destruyas la evidencia

siempre habrá alguien que te señale, siempre quedará un testigo: tú.

Advertencias

No amenaces con dolor al masoquista, alguien que ha sufrido por nada tolerará bastante castigo a cambio de afecto.

No se le desea buena suerte al apostador, él conoce sus cartas y si no puede ganar recurrirá a la trampa.

No le sonrías al poeta, que si alcanzas a tocar su alma no descansará hasta devolverte lo que le provocaste.

Aniversario

El amor es lo que sucede cuando nos miramos.
Romance y libertad, corazones intercambiados.
Error y aprendizaje, pasión y madurez.
Novios antes que amigos, neurosis complementarias.
Las almas son quienes se aman cuando nos besamos, son
tímidas, por eso cerramos los ojos.
Mis ojos me dicen que no has cambiado, sigues siendo aquella
chica de la primera cita.
No hay nada que quisiera cambiarte y si hay algo de lo que
pudiera culparte sería por obligarme a ser feliz.
Y si hay más de una cicatriz, te aseguro que tienen forma
de sonrisa.
Te amo veintitrés veces en nueve vidas
ciento ocho meses en un paraíso que solo encuentro en
tu carne.
Imposible llevar los días, solo sé que mi vida empezó a contar
cuando apareciste.

Divagando

Los granjeros de odio están muy lejos de mis pastizales.
Afroditas de una noche, puedo verlas en el día.
Cuando los cuerpos se aparean las almas apenas se saludan.
La química de la atracción se malinterpreta, divide por cinco las veces que hiciste el amor.
¿Estoy divagando o teniendo la razón?
La cabeza no sabe nada, por eso se la pasa cuestionando, el corazón lo sabe todo pero lo tachan de emocional.

Resignación imposible

Maldito inconsciente, me traicionaste de nuevo, volví a soñar con ella.

Ya deja de insistir, eso no va a ocurrir, sabemos que no está interesada.

Ella es la cumbre que nunca podremos subir, debemos aprender a vivir con eso.

Y fantasear no es un acto de consolación, solo es desesperación mal nombrada.

Los ángeles no se quedan con los mortales, prefieren perder el tiempo con dioses patanes.

Te mira pero no te ve, la hermosa sonrisa que suelta no es para ti.

Por su culpa la ambivalencia nos está matando, el odio y el amor se están enfrentando, ninguno va ganando, solo están desbordándose.

Tiempo fuera

La vida pasa corriendo con la muerte detrás y yo sentado como espectador, cuando debería ser el protagonista.

Dios tiempo, hazme un favor, deja de divertirte conmigo, hiciste viejo al niño, pero el niño aún no se entera.

Precaución

Enigma y mujer.
¿Tu belleza es empírica o te maquillé con ideales?
Paso de ti hermosa criatura, si en tu cintura está la cura, ha de
tener otro veneno.

Me llamas

Cuando veas que solo das vueltas en círculos, me llamas.
Cuando te fallen los que siempre aseguraron su apoyo.
En los fines de semana, cualquiera; en los martes de ansiedad,
ninguno.
Si crees que no puedes levantarte de la cama
si sientes que no puedes estar a solas con tus pensamientos
si crees que la vida se cae
si sientes que ya no vale la pena
me llamas.

Vacante

Se abrió una vacante.
La última que la ocupó tenía mentiras hermosas, mis preguntas
se morían en su cintura
me sobornaba con sexo cuando le hablaba de amor, le falté el
respeto a mi corazón cuando acepté sus migajas.
Patético, la adoraba, su altar era una vitrina vacía.
Se fue ella, llegaste tú.
¿Te interesa?

Crimen

Si no es algo malo, ¿por qué guardamos el secreto?
Nuestro crimen fue el amor, ¿por qué quemamos la evidencia?
Deberíamos presumir que nos atrevemos, que intentamos
ser felices.
¿Por qué le tenemos miedo a un dedo acusador?
La sociedad y su moral solo son una formalidad, todos tienen
un cajón secreto.
Que ellos lo escondan no es nuestro problema.

Empatía

Sé un rayo de luz en un día nublado, te aseguro que alguien
lo necesita.
Mantente dispuesto a mostrar tu lado más cálido, tal vez
alguien tenga frío.
Un detalle, un buen gesto, una sonrisa, nada es insignificante.
Si es positivo, puede ayudar; si es incondicional, se siente.
No lo hagas por quedar bien, hazlo porque te nace.
No lo hagas porque otro lo hizo, hazlo porque te sale
del corazón.

Si las cosas hablaran

Si las paredes hablaran, dirían que fuimos buenos amantes y los
mejores amigos.
Si la televisión hablara, dirían que nunca vimos la película.
Si el peluche de tu habitación hablara, te diría que extraña
mis visitas.
Si mi almohada hablara, te diría que no he dejado de pensar
en ti.

Cita

Vamos por un café.
No me gusta, pero sí me gustas tú.
Mientras se enfría puedo explicártelo.
No eres ordinaria, pero sí natural.
No eres especial, pero no hay nadie como tú.
No saliste de un cuento, pero sí tienes magia.
No te conozco mucho, pero ya te amo lo suficiente.

Olas

Todo es una reacción, una serie de eventos desafortunados o
afortunados, a veces juegan en contra o a favor.
Lo llaman milagro, karma, le dicen destino.
Nuestras acciones tienen repercusiones y esas repercusiones
chocan con las repercusiones de otros.
¿Fueron positivas o negativas? Eso definirá el resultado.
Solo somos olas chocando, que nunca sabrán cuándo se las va a
llevar la marea.

Puedes

Puedes encontrar el amor en la décima oportunidad o en el primer intento.

Puedes equivocarte en lo que pensabas era un acierto y aun así no estar equivocado.

Puedes comenzar desde cero, pues al comenzar ya estarás empezando desde uno.

Puedes enojarte y disculparte, nadie conoce la montaña rusa que llevas por dentro.

Puedes amar sin poseer y estar feliz por la libertad del otro, aunque no la disfrute contigo.

Puedes hacerlo todo, puedes no hacer nada, pero no puedes decir que no puedes.

Compensación

Le llaman compensación.

Para darte algo, algo deben quitarte, no puedes tenerlo todo.

Se perdería el equilibrio, si ese dios existe es un tirano.

Escuché que un escritor ganó un concurso nacional, ese mismo día perdió a su madre.

Si así son las cosas, yo no quiero ningún premio.

Regular

Cómo respondes a la pregunta de «¿cómo estás?».

No puedes decir «bien», porque siempre hay algo malo, una sombra en la esquina del cuarto que arruina esa respuesta.

No puedes decir «mal», por más jodido que estés siempre hay algo positivo que te salva.

Mi respuesta es «regular», un trago de ambos sabores, dulce y amargo.

El equilibrio entre un día nublado y un día soleado, en ambos se ríe por igual, en ambos se llora.

Esa es mi teoría, esa es mi respuesta, no tiene que ser la tuya.

Luz encendida

En pasadas madrugadas llorabas, le rogabas a la muerte, hoy
tienes miedo al recibir una carta de ella.
La crisis pasó, la idea de dejar de existir ya no suena
tan atractiva.
Quieres vivir, darte otra oportunidad, ya es de día, no le temes
a la noche sofocante,
pero ¿cómo vas a enfrentarla cuando baje el sol?
Puedes dejar la habitación encendida, pero nada te ayudará más
que encender tu propia luz
pues tu oscuridad también es interna.

Tendencia

La tendencia es el reflejo de la sociedad, lo que está de moda te
dice lo que la mayoría desea.
Aspiran a lo grande, el éxito se condiciona por la fama,
según ellos.
Hay poetas en la mediocridad que te salvan la vida, hay
«artistas» en la riqueza que no te enseñan nada.
Las personas no quieren retos, buscan el camino fácil, a la gente
le interesa la distracción, no quieren pensar.
Les da miedo.

Fantasma

Te llevaste la vida que te entregué, las flores se marchitaron.

Mi cuerpo es un cementerio lleno de besos secos y caricias muertas.

Dicen que a media noche se escucha un lamento en mi habitación.

Se alcanza a escuchar tu nombre, a su vez un susurro que dice: «¡Regresa!».

Eres un fantasma de mis buenos momentos.

En la casa, en el parque, en el restaurante, en esos lugares apareces.

¿O solo son mis ojos proyectando tus apariciones?

No, no son tus apariciones, son mis ganas de volver, esas que me dejan en un limbo eterno.

Soy un alma en pena que le guarda luto a una mujer viva.

Fue

Fue amor a primera vista.

Fue atracción al primer contacto.

Fue el universo chocando en el primer intercambio de miradas.

Fue mi corazón queriendo unirse al tuyo como un lego.

Fue mi orgullo vendiéndose por un beso.

Fue tu alma encontrando a su gemela.

Fue mi aliento suicidándose por tu sonrisa.

Fue tu amor descubriendo su hogar.

Fue mi existencia encontrando sentido.

Envolturas

El amor no tiene estereotipos, qué importa cómo sea mientras te haga feliz.

El corazón se enamora de quien lo hace latir a máxima velocidad.

La apariencia es solo una envoltura.

Una caja de cartón sucia puede llevar oro en su interior.

Una caja de colores con brillantina y listones puede llevar por dentro basura.

No te confundas, tu alma no se equivoca.

Descompensado

Te amaba mucho más, quizás porque yo me amaba menos.
Tanto amor acumulado, no sabía a dónde dirigirlo.
Entonces llegaste tú, un lindo recipiente que lo aceptaba.
Lo nuestro era dar sin recibir, nunca me atreví a pedirte, no
quisiste regresar nada.
No sabía, el amor tenía que florecer primero en mí para
después regalarlo.
No sabía que debía regarlo todas las mañanas al mirarme
al espejo.
Qué pendejo, ¿cómo iba a amarte si ni siquiera me amaba?

Ellas

La inseguridad me sigue buscando, no contesto sus llamadas.
De vez en cuando, cuando me da la gana, me quedo a dormir
con la soledad.
La envidia sigue mirando, es mi fan número uno, no se atreve a
saludarme.
A la nostalgia siempre le tengo un espacio en mi agenda, por si
quiere venir a llorar.
La hipocresía me hace cumplidos vacíos estando llena de
frustración.
La inspiración a veces llega de sorpresa, aunque siempre de
visita, solo hacemos el amor y se va.

Poesía libre

No es mi estilo escribir con una prosa aburrida, quiero que el lector se lleve algo.

Las palabras rebuscadas van en la tesis.

El estado natural de la poesía no es formal ni elegante, sino crudo y directo.

No debe condicionarse por un determinado número de caracteres o palabras, ni por leyes impuestas por un colectivo que no tiene esencia.

Escribir en verso libre, rima, con o sin métrica, no es correcto o incorrecto, tampoco que el texto sea menos de una cuartilla o cinco hojas seguidas.

El alma no tiene limitantes, va a sacar todo lo que sea necesario de la forma que mejor se le acomode, que lo escrito esté bien o mal no lo deciden ustedes.

Botellas vacías

El mundo se presenta como un gigante
la realidad como una tragedia, como una injusticia que no
queremos ver.
¿Cómo escapar de ella?
pues si no intentamos someterla, mucho menos aceptarla.
Perder la consciencia no es la solución, pero ¿qué más nos
queda hacer?
En el exceso llenamos algo que aun así está incompleto.
Dejamos las botellas vacías, pues deben verse iguales
a nosotros.
Llegamos a casa sin saber cómo y al despertar deseamos no
haber llegado nunca.

Paranoia

No te quise escuchar.
Mi inseguridad me convirtió en el peor detective del mundo.
La evidencia era un delirio, mi paranoia un miedo no trabajado.
Asumí que me podrías traicionar, al juzgarte confesé que yo sí
podría hacerlo.
No eres igual a mí, eres mejor, no tienes culpa alguna de mis
malas referencias.
Inventé una historia de terror en donde yo era la víctima y
resulté ser el monstruo.

Desde cero

Quiero volver a sentir tu respiración
recuerdo tu sonrisa pero no tu aliento
hoy deseo ganarme otro momento
solo debes autorizar a mi intención
yo puedo crear otra ocasión
me puedo entregar entero
no preguntes si soy sincero
sabes que puedo equivocarme
pero si él no te hace feliz, puedes llamarme
y empezamos desde cero.

Pajarillo

Vuela, hermoso pajarillo
yo no te quitaré tu libertad
ahora comprendo tu soledad
para mí tampoco es sencillo
tu amor no fue rojo, sino amarillo
yo vivía mientras cantabas
no sabía que te sacrificabas
fingías estar contento
intentabas ocultar tu lamento
mientras me consolabas.

Novia

En la intimidad amante
en público amiga
aunque novia te diga
eres mucho más importante
haces a la vida interesante
cada beso tuyo un viaje
cada caricia un masaje
que elimina el dolor
pues si no estás tú para dar color
yo no tengo paisaje.

Preso

Soy un maldito preso
tu sonrisa me atrapó
mi corazón nunca escapó
hoy estoy feliz por eso
de ti lo quiero todo en exceso
hasta el día de mi muerte
sé que termino mi suerte
la usé toda para encontrarte
ahora puedo confesarte
que comencé a vivir al conocerte.

Rebaño

Adoptamos a la injusticia
le dimos de comer en nuestra mesa
su traición no es sorpresa
la educamos con avaricia
el sufrimiento es noticia
el lector se llama indiferencia
políticos insultan nuestra inteligencia
nos basamos en la religión
confiamos en su explicación
no buscamos evidencia.

Humano

El humano nace contaminado
pero no es malvado por naturaleza
invaden su pobre cabeza
le instalan un pensamiento prestado
no elige estar equivocado
pero no tiene elección
crece con esa limitación
le teme a la libertad
y solo encuentra su identidad
optando por la imitación.

Voz

Aunque reciba golpes en el vientre
la voz de revolución no callará
quien use el miedo para gobernar fallará
pues no lo podrá hacer siempre
no importa cuánto odio concentre
a ella solo le motiva una cosa
que la libertad sea su esposa
puedes romper su guitarra
puedes cortarle las garras
pero seguirá siendo peligrosa.

Si dependiera de mí

De blanco te vistes
¿será por tu pureza?
entiendes que me interesa
saber si hoy ya sonreíste
no quisiera verte triste
si dependiera de mí, no sería así
si dependiera de mí, yo estaría ahí
asegurando tu felicidad
asumiendo la responsabilidad
existiendo para ti.

Fallo

No deberíamos, pero qué importa, tenemos huecos por llenar.
Hay un lugar dentro de nosotros en dónde nos sentimos solos.
La justificación es: «Nos estamos complementando».
Aunque eso signifique fallarles, aunque eso signifique fallarnos.

Metáfora

La metáfora es para los cobardes
para aquel que no puede ir directo
ese que dice mil cosas para dar a entender solo una.
La poesía es para el cobarde
para alguien como yo, que la ha utilizado tantas veces.

Luz

En las sombras encendí mi luz, pero no completamente
por eso hay esquinas por las que no me apetece pasear.
Siempre alerta, cuidándome de la debilidad, enfrentándome a
mi oscuridad
para después ayudarte a combatir la tuya.

Linda

Eres hermosa, como la primavera llegando, como el
atardecer despidiéndose.
Vives en una noche sin estrellas donde solo brillas tú.
Nadas en cumplidos, en fantasías donde siempre ganas, me
eleva tu sonrisa y al bajar me pongo a tus pies.
Difícil esconderlo, me veo obligado a decirte linda
para disimular.

Íntimos

¿No puedes llegar a casa con mis mensajes? ¿Antes de dormir
tienes que eliminar la evidencia?
¿Por qué el susurro en la conversación? Si cuando estamos
solos hablamos un íntimo lenguaje.
Podemos fingir, saludarnos cordialmente,
¿pero nuestra mirada qué?

Pasiva

Yo no puedo pedir que me correspondas, pero si me evades e ignoras, hazlo con sutileza.
Puedes aparecer pasiva y dejar que fluya mi atrevimiento, dejarte querer sin permitir siquiera que me acerque.
Aunque pensándolo bien, nunca necesité de tu permiso para poder amarte.

Vacío

Tus gestos no llevan alma.
Si solo tienes sonrisas por compromiso, yo ya no
quiero ninguna.
Llevas un infierno dentro, pero no lo desatas, me matas con tu vacío.
Te fuiste aquella tarde de discusión y ya nunca regresaste.

Curiosidad

Entraste hasta el fondo para conocerme y te fuiste por
saber demasiado.
La curiosidad no asesina gatos, destruye ideales.
Esa imagen que creaste de mí no es asunto mío y si no encajó
con la que te ofrecí, pudiste negociar
pero elegiste marcharte, caminando por tu sendero eterno.
Ese que tú llamas decepción.

Desventaja

Muchos te vieron, pero ¿cuántos te miraron a los ojos?
Algunos te lanzaron cumplidos, pero ¿cuántos estuvieron
para ti?
No les diste lo que querían y se alejaron, no eran tan
incondicionales.
Todos llevaban máscaras de amantes, ninguno te mostró su
rostro de amigo.
Tu mayor cualidad fue sin duda alguna tu más grande
desventaja.

Excepción

Llegas con ese aroma relajante.
Sueltas un guiño y ya tienes a todos de rodillas.
Los manipulas por capricho, tus deseos son órdenes y ellos las
cumplen sin objeción.
Te he visto por años; conozco tus hechizos, pero no te
confundas, aunque haya visto todos los trucos aún
me sorprendo.
No trato de insinuar que puedo ser la excepción; de hecho, soy
el primero en caer.

Vaso

No importa si el vaso está medio lleno o si está medio vacío, sin
oxígeno te vas a ahogar igual.
Es curioso, la inseguridad más grande le teme a la más
pequeña incertidumbre.
Tu autoestima se recarga en billones de bases reforzadas, pero
todas son de papel, por eso cualquier lluvia las destruye.
No necesitas conseguir un salvavidas, necesitas aprender
a nadar.

El buscador

El buscador es una persona tranquila, tiene aspiraciones grandes y recursos limitados.

Debe trazar un plan A, B, C y todo el abecedario, pues para él casi nada se le presenta fácil.

Puede andar solo, pero prefiere la compañía.

Sabe que hay lugares en su alma que no alcanza a rascar.

Melancolía

Hoy soy un suspiro lleno de nostalgia.

Anoche la melancolía se infiltró entre mis sábanas, sabe mi debilidad, sabe dónde acariciarme.

Terminé haciéndole el amor, volví a caer.

Al despertar gritaba tu nombre, deseaba tu presencia.

Y sí, pasó de nuevo.

¿No lo sabías?

Cumpleaños

Llega ese día de enero, tan especial y tan poco diferente.
Abrazos de quien se acuerda, de quien lo finge por una
red social.
Ya sé quiénes son los auténticos, no necesitan felicitación.
De pronto recibo un mensaje tuyo.
Me dices que esperas que todos mis deseos se cumplan,
pero ¿dirías lo mismo si supieras?
¿Si supieras que eres uno de ellos?
Aun así, ¿me dejarías apagar las velas?

Territorio desconocido

Llegaste.
Derribaste las fronteras que protegían a mi soledad.
Fui un niño asustado caminando por primera vez.
Era tan simple, tú me lo demostraste, me enseñaste a dar el paso
ese que me llevó a un territorio desconocido.
Descubrí que siempre debí vivir aquí.
A este lugar yo le puse tu nombre, pero todos le llamaban
Amor.

Complemento

Amo tu sonrisa, quizás porque jamás tuve alguna, a la cicatriz en mi boca no la puedo llamar así.

Amo eso que me falta y que tú tienes, amo que necesites lo que a mí me sobra.

Somos la muestra del complemento.

Tú eres un tornado, yo un bosque en calma.

A ti te encanta bailar, a mí me fascina aplaudirte.

A ti te gusta dormir, yo solo quiero verte mientras lo haces.

Fui el silencio que encontró tu sonido y en el choque se creó la armonía.

Como te dije, un complemento.

Fantasía

Me veo llegando a un edén con cientos de puertas.

Me veo entrando en un jardín en donde Facundo Cabral y Víctor Jara componen una canción.

Me veo entrando en un bar en donde Joaquín Sabina y Charles Bukowski beben en la barra.

Me veo entrando en una sala en donde Sigmund Freud y Karl Marx dialogan compartiendo apuntes.

Me veo entrando en una librería en donde Oscar Wilde y Friedrich Nietzsche dan su opinión sobre la moral.

Me veo saliendo de la fantasía.

Me veo volviendo a la realidad.

¡Qué aburrida!

Condena

La luna sale por las noches, su brillo hace que todos la miren.
Tiene la mala fortuna de resaltar tanto.
Si ella está presente, ¿quién se fija en las estrellas?
Indignos la contemplan, pero jamás la podrán ensuciar.
Víctima de miradas, propietaria de suspiros.
Tú llevas la misma condena que la luna.

Definición intermedia

¿Entonces?
¿Tú y yo qué somos?
Decir amigos para mí sería muy poco, pero decir que somos
algo más para ti sería demasiado.
¿Cómo encontrar una definición intermedia?
Podría describirnos como cercanos especiales, con beneficios y
restricciones, pero con posibilidades de serlo todo
a un paso en falso, sin ningún retorno.
¿Estás de acuerdo?

Luna libre

La luna no tiene la culpa de que deseen bajarla, quien la desea está condenado a verla brillar de lejos por las noches, hasta que se atreva a convertirse en astronauta.

La pregunta sería: ¿ella quiere que vayan a conquistarla?

¿O será que está enamorada de Saturno?

Es un hecho que la luna es para todos aquellos que la quieran apreciar, mas no le pertenece a nadie.

Nach

Ayer pasé todo un día en Suburbia y mi poesía difusa fue mejor
que el silencio, descubrí que los viajes inmóviles no los hace
el astronauta.
Ante algunas miradas soy el mejor, un *ars magna*, el ego pasó
a través de mí, pero en la brevedad de los días me
hice almanauta.
Sigo hambriento de amor libre, mis silencios vivos
son constantes.
La urbanología en el manifiesto me dejó pensando en voz alta.
Por culpa de los efectos vocales, los zurdos mueren antes.
Comprendí el idioma de los dioses, el verbo ya no hace falta.

Disculpa

Convertí mi promesa en una mentira a largo plazo, te guíe hacia una terrible decepción.

Perdiste tu tiempo esperando un eco que nunca llegó.

Te amaba, eso sí fue verdad, el resto de mi era un engaño.

Lo siento, sé que una disculpa no repara el daño, aunque hay algo que siempre me resultó extraño, tú lo sabías.

¿Por qué te dejaste engañar?

Resignación

Tengo en mi piel las marcas que dejaron las uñas del pasado.
Ironía, las canas son nuevas, flores que nacen muertas en
el jardín.
Las arrugas son mi recordatorio, a veces olvido que soy
temporal, a veces olvido que voy a morir.
Ante esa verdad solo me queda levantar la cabeza y asumir
mi destino.
Sé que no vendrá a buscarme hoy, sé que no tengo idea de
cuándo voy a encontrarme con él.
En mi suspiro expreso mi resignación, me pregunta: «¿Qué
pasa?». Invento una sonrisa y digo que todo está bien.
Veo el tiempo y me asusto, puede degradar cualquier cosa, son
pocos los elegidos, pocos serán inmortales.
Y yo, como un organismo con fecha de caducidad, acepto mis
cartas, juego la partida en desventaja.
Y me pregunto: «¿En realidad tengo algo que perder?».

Acierto

Te perdoné sin que estuvieras presente, te extrañe cuando
estabas en la misma habitación.
Volviste a ser una extraña.
Encontraste excusas para amarme, yo te di las razones
suficientes para mandarme al diablo.
No te equivocaste en creerle a tu corazón, tu error fue pensar
que valía la pena.
Tu mayor hazaña fue intentarlo; tu único acierto, darte
por vencida.

Oveja negra

Corté lazos familiares que me envenenaron, los parentescos de
sangre no te aseguran cariño.
Fui un niño que no encontraba su lugar, me llamaron la oveja
negra por aspirar a cosas diferentes.
Insulté a todas mis generaciones pasadas, no debía ser algo que
nadie con mi apellido logró.
Hice mi propio camino, otros lo siguieron, no fue coincidencia.

Simulación

Quisiera abrir la puerta del auto y saltar a cien kilómetros
por hora.
Quisiera probar algo que me haga sentir vivo.
El dolor es un buen estimulante, pero enfocarme tanto en él le
quitó gran parte de la magia.
Ahora voy buscando un recordatorio, algo que me diga que la
vida existe.
Algo que me diga que aún vale la pena tanto sacrificio.
Algo que me jale por las mañanas y me arrastre fuera de la
cama, en el dormir encuentro un refugio, una pausa.
Encuentro un ejemplo, pues el sueño es una simulación de
la muerte.

Ellos

Ellos cumplirán las promesas que nosotros hicimos.

Ellos se enfrentarán al mundo que les dejamos.

Nosotros somos los despojos del pasado, ellos son las sonrisas del futuro, habrá que hacernos a un lado.

Cerrar los ojos tranquilos, sabiendo que intentamos ser unos maestros decentes.

Plantamos la semilla, ahora vamos a dejarla crecer.

Ya encontrarán la manera de convivir con sus errores, ya verán lo que nosotros nunca vimos.

Descubrirán la vida, la conocerán mejor, a ellos aún les queda tiempo.

Llegará

Llegará el día en que nuestros labios se leerán en braille.

Llegará el momento en que nuestros corazones se conocerán y susurrarán nuestros secretos.

Llegará el día en que tu piel y mi piel serán lienzos de una misma pintura.

Llegará el momento en que cada uno de mis suspiros hablará de ti.

Llegará el día en que dirás «Te amo» y ya no habrá vuelta atrás.

Segunda oportunidad

Aún viene el pajarillo a cantar, encuentra aquí una comodidad que yo no comprendo,
llena de armonía el terreno baldío, rebosante de malas hierbas y animales venenosos.
Nada de pastizales verdes, solo hay basura que dejaron las personas que pasaron por aquí.
Hubo un tiempo en que este lugar era un hermoso jardín, los niños y los enamorados venían a presumir su felicidad.
Ahora es el lugar de robos espontáneos y uno que otro asesinato.
Esta pequeña sección de la ciudad muestra que se ha perdido la pureza, que las cosas bellas no sobreviven a la exigencia de la actualidad.
Por eso el pajarillo es tan importante, representa a quienes aún no se dan por vencidos.
Desde que viene a cantar comenzó a crecer una flor, me doy cuenta de que todavía no es tarde.
Si ella volvió a creer, yo también puedo volver a intentarlo.

Inestable

No te despidas para siempre cuando sabes que volverás a los
tres días, como si no hubiera pasado nada.
Tu enojo es un capricho y me preocupa que tu amor también
lo sea,
para ti es tan fácil, cualquier día puedes renunciar.
Si yo hiciera lo mismo, tendría que arrancarme el corazón.
Tenías razón, así te conocí, así me gustaste,
pero eso no justifica que me trates como basura, si minutos
antes habías dicho que me amabas con todas tus fuerzas.

Domesticado

La miro, la recuerdo, la tengo presente.

¿Cómo puede volar sin miedo a caerse?

Soy testigo de su sensual figura, solo ella opacaría a la luna en una noche oscura, solo ella se atrevería.

Y me derrumba conociendo mis más bajos deseos, instintos, suele controlar todos mis movimientos.

Sabe que me tiene a su merced, sabe que mi sed se calmará con una gota de su cuerpo.

Sabe que mi almohada es su cintura.

Anoche se manifestó, yo le recordé que me vuelve loco.

Anoche se despidió, yo la abracé como si fuera la última vez.

Ahora una parte de ella que no me entregó se quedó conmigo.

Me convertí en un animal domesticado, ese que se queda esperando hasta el día de su regreso.

Viaje

Me excita la dificultad, el reto; disfruto la travesía, el camino
lleno de piedras que me lleva a lo imposible.
Mi objetivo es víctima de mis dos amantes, constancia
y paciencia,
pero cuando estoy a dos pasos de lograrlo me asusto, es
aterradora la vista que conseguí al subir la montaña,
me da vértigo.
Por eso escapó, derribó todo lo construido, vuelvo a empezar,
mi viaje no tiene fin.

Había una vez

Había una vez en que dos personas fueron todo, arrogantes, se
prometieron un final feliz.
Desde el comienzo se traicionaron, se les terminó el cuento;
siendo realistas, nunca existió.
Ella no era la princesa, él no era un caballero.
Murió la noche, el amanecer mostró quiénes eran en realidad.
La fantasía a merced de lo superficial, el ideal borracho
de narcisismo.
La verdad los desnudó, se burló de ellos.
No escaparon de la vergüenza, la llevan pegada a la piel.

La otra versión de la historia

Me haces pedazos, me reparas, me vuelves a hacer pedazos, me reparas, bucle infinito.

Un parpadeo de sonrisas, mil vidas de dolor no se compensan.

Acepté poco, pensé que era lo que merecía, tú creíste que sería divertido.

Ambos encontramos lo que estábamos buscando, yo encontré a alguien que se hiciera cargo de mí, tú encontraste un juguete.

Le decíamos amor al síndrome de Estocolmo.

Un día me di cuenta, ya no lo permití.

Fue entonces cuando le dijiste a todo el mundo que yo era maldito.

Y te creyeron.

Flores en la mesa

No puedo compararme con la calidez en tu hogar, ya sea por costumbre o por moral siempre voy a estar en desventaja.
Tú eliges lo correcto, no lo que te hace feliz, confiésalo.
Tu corazón está embaucado en el compromiso, aun así, él tiene la libertad de sentir cosas que tú no admites.
Puedes aparentar, mentir, disimular,
pero cuando miras la mesa y ves las flores, ¿en quién piensas?

Lo que no se vende

El único que te habla del romance con el que te manchas se llama dinero, aquellos solo son polizontes que suben a
tu cuerpo.
Cada noche te ves obligada, realizas una transacción en la que siempre pierdes.
Manos sucias recorren tu cuerpo sucio, pero tu alma nunca la han podido tocar.
Tu amor sigue siendo puro, nadie puede vender el corazón.

Amor y presente

Éramos dos niños descubriendo el amor, gorriones cantando
por primera vez.
Éramos dos nubes en lo más alto, que no se preocupaban por
la tormenta.
Besos, caricias, lujuria al rojo vivo, una primavera eterna en
la habitación.
Nos equivocamos prometiendo lo eterno siendo mortales.
Se presentaron las dificultades, nos asustamos, pensamos que
solucionaríamos algo al discutir.
Hubo gritos, disculpas, lágrimas y risas, por fin llegamos a
la madurez.
Nuestro romance adulto nos habló del presente, no del futuro.
Nos dijo: «Si quieren construir algo, empiecen desde aquí».
Y así lo hicimos.

Sordos

Nos vendieron la imagen de la casa ideal, del auto a conseguir, de la mujer perfecta.

Atormentados por no conseguirlo, vemos a quien lo tiene todo caminando con un agujero en el pecho.

Ellos siguieron todas las instrucciones, ¿por qué no son felices?

Confundidos, ya no saben qué hacer para encontrar lo que les falta.

Sonríen por reflejo, por apariencia, llevan puesto lo superficial como una armadura pesada.

Fueron sordos guiados por otros sordos en la oscuridad, por eso se perdieron.

La luz que necesitan no la pueden comprar, la buscan, no la encuentran en ningún lado, escarban en todas partes.

No saben que la llevan por dentro.

Cobardía

Hubo una ocasión en que estuve tan cerca de tus labios, respirar se hizo difícil, el corazón fue un manicomio.

Los obstáculos: el poco tiempo que tenías y mi cobardía.

Me acerqué con torpeza, no diste ningún paso hacia atrás.

¿En verdad lo querías? ¿Me diste todas las señales?

¿Por qué fui tan inseguro? Si estaba a centímetros de besarte.

No hice el movimiento final, te salvó la campana, llegaron a tiempo mis titubeos.

Tan cerca de cambiarlo todo, no me atreví, avanzó el reloj y te marchaste.

Nunca se presentó otra oportunidad.

Titiritero

Libre el vagabundo que se despierta y se duerme cuando le
apetece; no tú, que ya tienes las horas comprometidas.
Estás condicionado por un sistema de marionetas llamado
sociedad, adivina quién es el titiritero.
Si los hilos son el dinero y estos te mueven, significa que todo
lo manipula el dueño del capital.
No tiene rostro ni identidad, pero su ambición se conoce.
No tiene control, se devora a sí mismo, su vómito te va a caer
a ti.

Corazón y capricho

Te hace el amor en la recámara, donde están las flores que
te regalé.
Tan distraído, tu paraíso no le pertenece.
A veces recuerda que eres importante, si no lo olvidara
tan seguido
no serían tan habituales nuestras conversaciones.
Yo entré por un hueco que él dejó, pero al final no es culpa
de nadie.
El corazón no es caprichoso, tiene sus razones, puede explicarte
por qué me empieza a preferir a mí.

Desperdicio

Perdiste el tiempo odiando.

Le diste tanta importancia a quien nunca supo de tu existencia.

Gastaste saliva hablando de alguien que hoy no recuerda
tu nombre.

El rencor te dejó anclado.

Ahora te preguntas por qué ellos avanzaron y tú no.

Miras hacia afuera y solo ves enemigos.

Aún crees que las personas se despiertan por las mañanas
deseando joderte la vida.

Qué desperdicio de vida.

La tuya.

Eclipse

Eres la luna.

Te derrites en forma de luz por las montañas a las que siempre subes.

Naciste siendo escorpión, pero te identificas más con el venado.

Duermes sobre nebulosas, despiertas, abres los ojos, muestras el universo donde bien podría vagar eternamente, pareces inalcanzable.

Algunos años entre tu existencia y la mía, en esta vida llegaste antes, prometo llegar a tiempo en la siguiente.

Te queda tan bien el papel de docente, lo aprendí todo viendo tu sonrisa.

Desde entonces nació mi curiosidad, quiero saber de dónde viene, quiero ser yo la razón.

Mi corazón está dispuesto, sin embargo, esta vez no puede ser.

Si tú eres la luna, yo soy el sol; cuando aparezco, tú ya te fuiste.

Aún no me rindo, sé que tendremos nuestro momento, lo llamaremos eclipse.

Lo fácil

Deja abiertas las ventanas
te extiendo la invitación
ya no me iré por las ramas
no habrá ninguna reclamación.
Seré el fantasma de tu devoción
uno que vaga por tu cintura
ese que aceptó la maldición
de cantar sin partitura
de tocar sin permiso
de amar sin derecho
de desaparecer sin aviso
de aterrizar en tu pecho
para después marcharse.
Dime cuál es tu eslabón más débil
atacaré por ese lado
y verás que soy muy hábil
para convertir lo fácil en complicado.

Condenado alegre

Y aquí estoy extrañándote, buscándote en la bebida, sufriendo agravios.

Culpándome, recordándote en mi herida, esperando a la muerte, solo pido que tenga tus labios.

Todo lo tuyo fue paraíso, fue todo menos eterno.

Y si ayer me dejaste acariciar tus alas, hoy me corresponde el infierno.

Es hora de hundirme en lava ardiendo, salvarme no vale la pena.

Vender mi alma a causa de tu belleza era cosa sencilla.

Acepto con mucho orgullo mi condena.

Cuando entré a nadar nunca quise llegar a la orilla.

Esto no es tortura, tu ausencia sí que quemaba.

La presencia de lo negativo no me hizo daño.

La falta de algo bueno, (tú) eso sí me mataba.

El que pasaras frente a mí y me tomaras como extraño.

La muerte tendría que ser mejor que eso.

Flechazo

Apareció su sonrisa y mi Troya cayó.

Me atrapó en sus garras aquella primera vez.

Fue su culpa, algo dentro estalló.

Tenía el cabello negro y medía un metro con sesenta y tres.

Arrasó con todo el paisaje.

Su silueta, lo único que brillaba.

«Ríndete», su cuerpo mandaba ese mensaje.

Ya le estaba entregando mi vida y ella no se enteraba.

La atracción me devoraba, parecía que su belleza no tenía fin.

Por un momento pensé que mis ojos no merecían verla.

Atrapada en la maleza, la única flor en el jardín.

Y yo fui el botánico que necesitaba tenerla.

El flechazo me dio de frente.

Estaba alegre mientras sangraba

pero ella seguía tan indiferente.

No sabía que me había dejado sin nada.

Corrupción libidinal

Primero quiero comer el postre y al último la entrada.

Hacerte el amor antes de invitarte a cenar.

Todo lo bueno se enfría, hay que tomarlo caliente.

Ya después averiguamos si nos vamos a quemar.

Eres un confesionario donde todos los pecados tienen que ver contigo.

No tienes responsabilidad alguna, yo soy el único culpable en esto.

Víctima libidinal, el superyó solo es otro testigo.

El deseo siempre intentará ganar y te pondrá a ti como pretexto.

Eres tentación, la presentación del deseo en sumisión que una simple prohibición no puede parar.

Sensual proyección, no conoce limitación, pues si se presenta la invitación, se volverá a disparar.

Origami que no resiste la presión.

Libido que explota por un guiño.

Leyes absolutas aceptando la extorsión.

Te doy el corazón por el mínimo cariño.

Viaje rutinario

En tu viaje rutinario hacia tu destino rutinario podría ocurrir algo sorprendente.

Puedes intercambiar miradas con el amor de tu vida, amarlo intensamente hasta que se baje en la próxima estación.

Puedes regalarle una sonrisa a quien solo necesitaba una para no suicidarse.

Puede pasarte algo sorprendente, puedes hacer una diferencia brutal en la vida de alguien y ni siquiera saberlo.

Afecto compartido

Claro que la amo, su respiración está sincronizada con mis latidos.

Cada risa que suelta resuena en mi alma, cada llanto que entona me destroza el corazón.

En sus atardeceres felices soy la almohada más cómoda, en sus días lluviosos soy el paraguas más amplio.

Me compartió todo su amor, su dolor también es mío.

Recuerdo y tesoro

Ya nada es igual, sobra un lugar en la mesa.
No hay llanto suficiente, no hay consuelo efectivo.
El temor al olvido es latente, no saben que es imposible.
La ausencia convierte los recuerdos en tesoros.
Ante la partida física las huellas del espíritu se quedan
para siempre.
La herida que aún sangra y que nunca se cerrará es buena, el
dolor permanente los ayudará a recordar.

Lejos

Estamos tan lejos, pero si miramos arriba el cielo es el mismo.
No estamos tan lejos, el sol nos ve a todos recostados en el
mismo colchón.
Estamos tan cerca, el mismo aire nos acaricia, las mismas
estrellas nos saludan.
¿Por qué decía que estabas tan lejos?
Si los kilómetros nunca te apartaron de mi corazón.

Lo virtual no es bello

Lo llaman progreso, pero solo es amnesia, quieren olvidar lo que fueron siendo algo que no son.

Siempre serán tierra, por más que quieran parecer un iPhone nuevo.

Lo humano es mejor; el amor, si es inalámbrico y analógico, nunca se le va la señal, tiene buena cobertura.

No hay megapíxeles que capturen lo que capturan los ojos.

Los complejos sistemas operativos son un chiste al lado de la mente, pues sus ventanas son infinitas.

Lo artificial es práctico, pero no se compara con las funciones del corazón.

Lo virtual es fácil, pero nunca compensará el tacto del alma.

¿Sabes por qué los momentos realmente importantes no se publican?

Para la verdadera felicidad el celular estorba.

Me falta, no tengo

Me falta una sonrisa bonita, me sobran razones para sonreír.

Me faltan billetes en mi cuenta bancaria, me sobran poemas en el bolsillo.

No tengo autos de lujo, solo amistades que valen oro.

No tengo ropa de marca, pero sí abrazos auténticos.

Me falta una casa costosa, me sobran personas que hacen de cualquier lugar mi hogar.

Mi profesión jamás me volverá millonario, pero me siento más rico ayudando a otros.

Mi vida nunca ha corrido con la mejor suerte, pero me siento el más afortunado comiendo lo que preparó mamá.

Ni apuesto ni adinerado.

Nada gracioso, nada interesante, más defectos que atributos, menos puntos a mi favor, más desventajas.

Por eso, cuando ella se atrevió a decirme que me amaba sabía que estaba diciendo la verdad.

Algún día

Me vuelves loco.
No soy capaz de darte una negativa.
Sonríes y mi orgullo obstinado se pone a tus pies.
Contigo siempre estoy en desventaja, hasta tus fotos me
derrotan, hasta tu ausencia me inspira.
Tu risa es un mensaje subliminal, me ordena entregarte
el corazón.
Tu cuerpo un laberinto erótico, mi libido perdió el sentido de
la orientación.
Mi alma está hambrienta de ti, solo dime: «Quédate a cenar».
Mi deseo grita tu nombre y yo solo le digo: «Algún día».

Reconstrucción

Mi apego me castigó, mi autoestima hambrienta me arrancó
un pedazo.
Nunca le di de comer, mi inseguridad tenía sobrepeso.
El miedo escondido debajo de mi cama jamás me dejó dormir.
El amor fue una luz cegadora, no parpadeé ni una vez.
En mi corazón hecho escombros, alguien construyó su hogar.
Me rearmaron desde cero, no me faltaba ninguna pieza.
Por fin entendí cómo funcionaba la felicidad, había pasado toda
mi vida sin leer las instrucciones.

No odio

Te odio.
A decir verdad, te odié
pero ya no.
Descubrí que el odio y el amor son dos caras de una
misma moneda
y cuando dejé de sentir ambas por fin me libré de ti.
Hoy te soy tan indiferente
y solo escribo esto aprovechando el horror que me dejaste,
transformándolo en algo bello.
Para mi corazón moriste, no podrás volver como un zombi
y si apareces otra vez, joderme de nuevo será imposible.

Impotencia

Ambos estamos heridos, vamos a sacarnos las flechas.
Si me compartes tu dolor, yo te comparto el mío, a ver si así
se disuelve.
Y si hemos saltado sin paracaídas, vamos a disfrutar el paisaje,
si de todas formas llegaremos al suelo.
Perdimos personas que creíamos eternas, se nos terminó un
amor que parecía infinito.
No hay palabras que pueda usar para reconfortarte, solo puedo
quedarme aquí, acompañar tu llanto
con la impotencia de no poder hacer nada más.

Iguales y diferentes

Y ahí estaba yo, hablando de cosas que nadie entendía
riendo de chistes que a nadie le causaban gracia
escribiendo poemas que nadie quería leer
escuchando ruidos que nadie más escuchaba.
No era diferente, solo caminaba por senderos distintos.
En el camino conocí a personas que también iban descalzas,
pero la cantidad de dolor que sentíamos difería.
Caminamos hacia el mismo lugar, pero nuestro destino no
era igual.
Avanzamos juntos, pero a un ritmo diferente.
Encontramos el amor en presentaciones distintas.
Nuestras definiciones del concepto «felicidad» eran similares,
mas nunca concordaban.
Todos nuestros corazones eran rojos, pero latían por motivos
diferentes.

En el espacio

Nuestro momento fue una dilatación del tiempo.

Entramos como adolescentes, salimos siendo adultos.

Dos astronautas en el espacio, encontrándose.

Dos cuerpos que chocaron y crearon otro universo.

Un agujero negro se llevó nuestros miedos, los regresó en forma de nebulosas.

Los planetas se comportaron indiferentes, pero el Sol sí aceptó ser un testigo lejano.

Fuimos polvo de estrellas haciendo el amor, recostados sobre un rayo de luz.

Diamante

Era un diamante con caparazón de carbón, ella lo sabía, por eso se quedó.

Poco a poco se fue agrietando, su amor era el martillo y el cincel.

Terminé por pulirme, ahora que todos ven el brillo se acercan.

No estuvieron en el polvo, no quisieron ensuciarse.

Solo me quedaré con quien me dio el valor que merecía, solo me quedaré en la vitrina de sus ojos.

No voy a venderme, nadie va a comprarme.

Soy un regalo hecho para ella.

Coordenada

Te encontrabas perdida, nos conocimos, me usaste
como brújula.
Después me odiaste por no llevarte hacia el lugar que
tanto querías.
Te avisé a dónde me dirigía, quisiste ser mi compañera, sabías
que iba en dirección contraria.
El problema aquí fue que tú nunca supiste hasta dónde
querías llegar.
Yo estoy en el viaje de mi vida, tú crees que son vacaciones.
Puedes abandonarme justo ahora, no lo haces, sabes que en el
andén no te espera nadie.
Deja de pedir direcciones, deja de pedir aventones, solo tú
sabes dónde comienza y termina tu viaje.

Problemáticas

Ser buena persona es una debilidad; mostrar sensibilidad,
una desventaja.

Hoy lo correcto es un insulto para todos al parecer.

En este mundo de tramposos si juegas limpio te descalifican.

Todos llevan la moral puesta como un accesorio, pero no saben
lo que es.

Primero es placer, primero es tener, hoy nadie se acaricia
el alma.

La autoestima, una esfera de cristal; la realidad, una pésima
malabarista.

La ansiedad tomó el control, las exigencias superficiales de la
sociedad moderna se lo pusieron todo en bandeja de plata.

Hoy un niño tranquilo y callado es autista; hoy una niña que se
divierte, hiperactiva.

Solo son niños siendo niños, pero como los padres todavía lo
son no pueden con la responsabilidad.

Un mosaico de problemáticas tienen al humano deforme, se
mira en un espejo estrellado; ve múltiples identidades, pero
ninguna es suya.

Quiere aventurarse, busca la felicidad, pero el mundo le indica
que solo hay un camino.

Éxito, fama, dinero; le piden al pez que sea feliz en la copa de
un árbol.

Contrato

Fue inútil perder el camino por ti, buscarte no me llevó a ninguna parte.

Fue una pérdida de tiempo esperar tu mensaje, no responderme era tu mensaje.

No lo vi así, siempre creí que en verdad estabas ocupada; qué imbécil, el interés no tiene contratiempos.

Solo te parecía divertido, solo reías de mis chistes antes de pedir un favor.

Solo en la conveniencia pudimos jugar a los amigos.

Fui tu árbol, solo en la lluvia acudías, solo buscas la sombra, me regabas con aguas residuales.

No me considero víctima, fui un distraído, me convenció tu belleza, firmé el contrato, no leí las letras pequeñas.

Preocupaciones

Nos paseamos de un lado al otro; la vida es una cuerda floja, pero nosotros no somos equilibristas.

Nos caemos, a veces llevamos arneses puestos, otras veces aterrizamos sobre un colchón.

Nos jode la sensación de caer, no el impacto.

La preocupación, el pensamiento, sobrevaloran el problema, lo convierten en un gigante.

Y ante la tormenta que nosotros mismos creamos, vemos cualquier techo como refugio.

Sacerdotes y pastores que aseguraban la salvación, ante una pandemia suplican por esta a médicos y a científicos.

La fe no es una estafa, pero no llegas a ningún lado solo con eso.

Y todo por el miedo a morir, miedo a desaparecer.

La muerte es una caseta de cobro en el camino, para poder pasar tienes que pagar con vida.

Pero el viaje sigue, ¿a dónde? Nadie lo sabe, ya lo veremos en su momento, ¿para qué preocuparse?

Nosotros los viejos no debemos insistir, vamos a quedarnos el tiempo que nos toque.

Solo a los niños les pertenece la vida.

Recipiente

Grita mi pecho, mis acciones dicen mucho, mi boca no tanto.

Encontré otra forma, descubrí otro método.

Le llaman poesía a mis confesiones.

Muestro mis heridas, les dejo echar un vistazo.

Quien las considere hermosas debe tener algunas parecidas.

Enhorabuena para quien encuentre consuelo, bienaventurados sean los que encuentren aquí algo más que palabras.

Llévense lo que quieran, yo invito.

Nada me pertenece, pero ya pagué por todo lo que vieron.

Mis textos no son la respuesta, son mi testimonio.

Yo no soy el arte, solo soy su recipiente.

Después

Deja que te abrace.

Si lo nuestro ocurrirá, va a fluir después de eso.

Después de un beso, sabremos si hubo contacto, si nos tocamos algo más que los labios.

Después de que nuestra carne arda, veremos si lo vamos a repetir.

Después de que bailemos en lo prohibido, descubriremos si nos van a doler los pies.

Después de que pase la vida, nuestro viejo corazón nos dirá si valió la pena.

Después, la próxima vez.

Estás avisada.

Prioridades

No trabajo en una oficina, no llevo vestimenta formal, la ropa sucia del taller no mancha mi grado académico, no minimiza mi dignidad.

Humildad, principios y valores, esa es la prioridad.

Prejuicios, prepotencia, discriminación, recursos de quien vive engañado.

Ese que se siente por encima de otros, pero está parado en una caja de cartón,

a punto de romperse, el ego pesa.

La realidad, como gravedad, pone a todos en su lugar.

Aún no me he comprado el auto que los demás tienen, ellos aún no han escrito libros de poesía.

Aún no me he casado, como la mayoría lo hizo; ellos aún no han amado a su pareja como yo.

Me muevo por prioridades, eso me define. Vivo por mis pasiones, ¿acaso existe otra forma de vivir?

Espectros

La ciudad es un purgatorio
fantasmas vagan por las calles
olvidan la vida y sus detalles
la muerte será un recordatorio
pues todo es transitorio
de la nada venimos y hacia ella vamos
perdimos tiempo, nos acostumbramos
intentando evadir la realidad
por la ventana escapa nuestra oportunidad
y nosotros la dejamos.

El viejo yo

Mentí más de una vez
también fui un cobarde
dije «te amo» demasiado tarde
me comía la timidez
lo hacía todo al revés
escondido en mi caparazón
los rechazos me dieron la razón
me cobijé en la soledad
avergonzado de mi personalidad
oculté el corazón.

Avanzando

Otra vez apareciste
me tomaste por sorpresa
no me atreví a decir «regresa»
pues eso nunca lo quisiste
aquel día te despediste
no hay nada de qué hablar
todo está en su lugar
no voy a pedirte más
lo nuestro es un «jamás»
dejemos de jugar.

Luchadora

Te vi bailar en la tormenta
te vi resistir el ocaso
te vi aceptando el fracaso
y todavía lo intentas
nunca te lamentas
no pierdes tiempo con rezos
para ti todo es progreso
¡eres increíble!
haces probable lo imposible
y me encantas por eso.

Chiste

Hoy solo quiero reír
contar un chiste
y en el despiste
olvidar que voy a morir
por eso intento escribir
sacar la sensación
que se vuelva inspiración
para que no duela tanto
para reemplazar al llanto
esa es la intención.

Máscara

Si una máscara los cubriera
harían cualquier cosa
hasta la más indecorosa
si nadie los viera
a la mierda el «hubiera»
dirían que todo es legal
desnudos, sin moral
se entregarían al placer
se dejarían corromper
por su deseo real.

Cuestionamiento

¿Qué va a pasar después?

Con esa pregunta escapaste.

Mis respuestas no te convencieron, quizás te preocupó que las dijera en serio.

¿Qué pasaría si te atreves a ceder?

Tal vez me vuelva adicto a la primera dosis.

¿Qué tanto nos podemos ofrecer?

Primero provoquemos la chispa, después veamos si se va a incendiar el bosque.

Esto podría terminar con una luna de miel cada noche o sufrir de amnesia al día siguiente.

¿Cómo saberlo? No me dejas intentarlo, nos debemos un desliz.

Yo nunca seré feliz en el hubiera.

Y tú tampoco.

Sin escape

Desde la infancia vienen arrastrando demonios, su registro psíquico es un baúl lleno de cucarachas.

El placer excesivo es su única salida de emergencia.

Se distraen con tal de no afrontar el impacto, pero el golpe sigue ahí, les duele.

Se ocultan en la fe, en una nociva negación, pero para la realidad no hay escapatoria.

Y al psicólogo lo ven como último recurso, cuando debe ser el primero.

Sociedad, cultura, nos envenenan.

Ante la presión de tener que ser algo que no queremos, vemos en la locura una liberación.

Ante la vida agitada y llena de castigo, vemos en la muerte un descanso.

Romance descontinuado

Año 2300, yo un romántico del 2000.

Pagué por un holograma perfecto de ti.

Tiene tu estatura, la misma voz, las expresiones idénticas, pero no eres tú.

Hoy, que el placer y el amor lo tenemos seguros haciendo un *clic*, preferí buscarlo de la manera antigua.

Terminé herido y aunque en las farmacias hagan trasplantes de corazón, sé que no dejaré de amarte.

Sobrevivimos más de cien veces al fin del mundo, pero siento que el mío terminó cuando te marchaste.

Hoy lo artificial está tan bien hecho que podrían clonarte sin ningún problema, pero ¿de qué me servirá? Si no han podido replicar lo más importante.

La tecnología creó formas nuevas de contacto, pero ninguna se parece siquiera un poco al tacto del alma.

Prefiero morir sabiendo que busqué lo real, en vez de dormir en una vida llena de espejismos.

Fracasados

Mundo injusto, se celebra la ruina, la ignorancia; la verdadera belleza es invisible, pues toda su audiencia es ciega.

Para esta sociedad en decadencia el escritor más talentoso nunca será tan famoso como el futbolista más mediocre.

Ahora solo tiene valor lo que brilla, aunque sea superficialmente.

La montaña que ellos llaman éxito, trofeos, premios y *glamour* se sostiene gracias a un edificio vacío.

Por fuera todo es luces de colores, fiestas y promesas de felicidad, pero en el interior están creciendo gusanos.

Ahora a cualquier cosa llaman música, a cualquier tontería arte. Es una falta de respeto para los virtuosos pasados, es comida chatarra para jóvenes que necesitan alimentarse sanamente.

Lo puramente bello no está muriendo, está siendo asesinado, está siendo prostituido por un proxeneta, le llaman el señor del dinero.

Ahora crean para el beneficio económico, para la popularidad, cuando la primera necesidad que deben saciar es la del alma.

Por eso les digo fracasados, aunque tengan millones.

Por eso los llamo ruido que no se puede escuchar, aunque suene por todas partes.

Salto

No pude con la atracción, mi corazón desde el primer
momento ya le pertenecía.
Fui víctima de algo que no conocía, hoy estoy feliz por eso.
Me habían hablado de esta sensación, todo cobró sentido,
la vida hostil me presentó una belleza que jamás me
había mostrado.
Me enamoré de una persona, acepté la invitación, me atreví a
lanzarme, hoy pago las repercusiones, esta vez son positivas.
Hasta hoy gané una partida, ya era hora.
Ahora tengo lo que necesito sin ser dueño de nadie.
Algo dentro, que se había fracturado, por fin sanó.
El amor se encontraba en el fondo del lago y yo no había
saltado nunca.

Falta

Lo mandé todo a la mierda.

No me conformé, quería incluso lo que no era para mí.

Quería más de lo que podía tomar, mis manos estaban llenas pero aún no era suficiente.

Me ahogué en la ambición; mientras más acumulaba, el vacío se hacía más grande.

No cubrí mi falta, nunca identifiqué cuál era, necesitaba el exceso.

Conseguí una montaña de manjares, no me servían, pues yo tenía sed; pero no lo sabía.

Propuesta

No quiero ser un turista en tu cuerpo, voy a comprar solo el viaje de ida.

Que sean permanentes mis vacaciones, ya no voy a regresar a casa.

Mi equipaje lleva más corazón que libido, quiero hacer una reservación, no pediré la muestra gratis.

Y si en un suspiro terminara nuestra aventura, habrá que contener la respiración.

Voy a comerme el mundo, me interesa que seas el postre.

Futuro no

Imbéciles, pronosticaron un futuro próspero lleno de recursos.
Se jugaron todas sus cartas por una tecnología que les dio
la espalda.
Le dejaron toda la responsabilidad a las nuevas generaciones,
pero hace cien años que no nacen niños.
Los árboles son proyecciones, respiramos un gas que no es
oxígeno, hoy hasta para eso necesitamos un dispositivo.
La riqueza se hizo infinita, pero ahora compran lo que
destruyeron para crearla.
Tantas innovaciones y ninguna promueve la vida, solo
inventaron más formas de quitarla.
La ambición los llenó de corrupción, sacrificaron el amor por
el egoísmo.
Vivimos en una esfera, encerrados, condenados; la Tierra harta
de nosotros nos echó fuera.
Los más ancianos hablan de un mundo que ya no es, nosotros
mismos nos quitamos el derecho al «pudo ser».
Fuera del planeta la vida inteligente lo fue bastante, nunca
quisieron saber nada de nosotros, se escondieron muy bien, nos
cansamos de buscarlos.
Intentamos acampar en otro sistema solar, descubrimos que en
toda la galaxia teníamos un solo hogar y lo destruimos.
Extraño, si estás leyendo esto, significa que fue buena idea
lanzar esta carta a un agujero de gusano.
¿Me estás leyendo desde el pasado? Dile NO a este futuro.

Nueva definición

Yo te quiero en mis sábados por la noche, tú solo me buscas en lunes aburridos.

Te envío flores y fresas, mensajes de buenos días, tú prefieres la indiferencia de alguien que solo te ve como su propiedad.

Estás acostumbrada a la oscuridad, cuando ves algo de luz te molesta; estás acostumbrada al cariño a medias, cuando alguien te enseña el corazón te asustas.

Lo sé, no soy el pretendiente adecuado, ya tengo un jardín, no debería mirar tus flores, pero nuestra amistad nos exige evolución, pide un amor sin ataduras.

Una nueva definición, que no explique lo que intentamos ser; un acertijo que deje más respuestas que interrogantes.

Un capricho que le haga el amor al para siempre, un secreto que no esconde ninguna verdad.

Bitácora

Miércoles 25 de marzo, las cosas ya habían cambiado, pero hasta ese día se resentía.

Despertar de rutina, mitad de semana, hasta esa mañana me di cuenta de que ya nada sería igual.

Las noticias promoviendo el caos, preferí apagar el televisor.

Salí a la calle, habían anunciado pocos contagios, pero el miedo ya los había infectado a todos.

Prohibición, manipulación, ansiedad, ignorancia, a esa mezcla le llamaron nueva normalidad.

Los poderosos le sacaron provecho; los pobres, como es costumbre, se llevaban la peor parte.

Al nuevo fin del mundo lo llamaron pandemia.

Planes trazados, sueños a punto de despegar, todo quedó en pausa en un pestañeo.

El ritmo de la vida, el flujo de la sociedad, sufrió una deformación.

Mis promesas se aplazaron tanto que ya sonaban a mentiras, la alegría de todos tambaleando bajo nuestros pies.

Ese golpe de realidad me recordó lo que es importante, familia, novia, amigos; sentí que nunca estuve tan al pendiente, sentí que podría perderlos en cualquier momento.

Solo ellos me hacen feliz, me inspiran a ser mejor; mi versión actual es la más espectacular, fue posible gracias a ellos.

Solo creo en el amor que me regalan, única ideología, mi religión es su sonrisa.

Mis sueños en psicología, en la escritura, poesía, jamás estuvieron tan cerca.

Van de la mano, como el sol y la luna, como la vida y la muerte.
Estoy aprendiendo a esperar, estoy aprendiendo a amar en
formas diferentes.

Me considero afortunado, aún con proyectos pendientes, estoy
realizado; podría morir mañana sin mucha objeción.

Tengo todo lo que necesito, no lo que deseo, por eso soy feliz;
por fin me concentré en lo esencial.

Tener salud nunca valió tanto, ahora la veo como lo que
siempre fue, un tesoro.

Este año fue oscuro, puso a prueba nuestra adaptación.

El amanecer está por venir, hay que seguir trabajando en
el «cuándo».

Perdedor

Mantuve un romance con lo imposible, me llamaron perdedor;
estuve a nada de ganar unas cien veces.
Siempre en contra del pronóstico, siempre en una posición
con desventaja.
Mi reto masoquista, los desafíos fáciles no llamaron mi
atención, no tiene nada de especial lograr algo que puede hacer
cualquiera.
Y si el dragón me hizo cenizas fue porque estuve muy cerca de
rescatar a la princesa.
Me vieron caer desde lo más alto, nunca supieron que intenté
atrapar a una nube.
Ellos nunca lo intentaron, sus malos deseos no me afectaron,
no los escuché, la cobardía roba a los mediocres la voz.
Una sola victoria compensó todas las derrotas que llevaba.
Una sola persona me dijo que era el mejor y para mí
fue suficiente.

Declaración

Yo era oscuridad, tu sonrisa fue la puerta por donde entró la luz.

Mi corazón loco saltó del pecho, desde entonces lo llevas enredado en tu cabello.

Ahora mi vida es una fiesta en donde se escucha tu canción favorita, ahora mis ojos son un santuario en donde solo apareces tú.

No lo sabes, pero comencé contigo una batalla secreta, mi suspiro fue una declaración de guerra.

Un día te acercaste, me dijiste «hola»; en ese momento firmé mi rendición.

Te regalé lo que nunca me pediste, me diste algo que no encontré en nadie más.

Quiero amarte en libertad, que nuestro romance no conlleve ninguna atadura.

Si nos vamos a comprometer, que sea con nuestra felicidad; y si vamos a hablar de amor, será porque nuestras acciones estarán a la altura.

Pretendo vivir contigo algo real, por eso descarté lo perfecto.

Pretendo vivir contigo algo mutuo, por eso nunca voy a pedirte algo que no te nace.

Vamos a atrevernos, que el miedo sea devorado por la pasión, que resulte positiva la consecuencia.

Te extiendo la invitación, que esto sea un final feliz o una linda experiencia.

Globos

Me quedé esperando el atardecer, y cuando llegó, pasó de largo.

La luna me consolaba, pero yo no la valoraba, deseaba lo que estaba ausente.

Lo que no valoro me valora, lo que me gusta no siente lo mismo.

Hay un largo martirio entre darte cuenta y aceptarlo.

Algunas personas son globos, las sueltas y no son capaces de volver por su cuenta.

Tienes que buscarlos, jalarlos hacia ti; en otras palabras, obligarlos.

No pienso ser un payaso que haga figuras con ellos.

Dolencias

Algo dentro me arde, todas las madrugadas son frías.

Pienso ir a buscarte, esta sensación perturba mi sueño.

Ya no puedo encontrarte en ellos, ya no sirve el consuelo,
quiero tenerte en mis brazos.

Acariciarte, la única cura y solución.

Besarte, callaría el sufrimiento.

Amarte solo me dejó esta salida.

El poema es un exorcista, pero no puede sacar al mismo
demonio todas las noches.

El poema es la evidencia de un crimen, pero no soy culpable
hasta que te atrevas a leer.

Estoy en el acantilado, a punto de saltar por ti, si así lo apetece
tu capricho.

Estoy con el pecho abierto, por si se te antoja pedirme prestado
el corazón, aunque sea para jugar.

¿Lo mereces? No lo sé, pero no puedo quitarte el control.

¿Sientes lo mismo? Está claro que no, pero son deliciosas
las migajas.

Hoy todo lo que siento por ti se convirtió en dolencias y mis
ganas de hacerte el amor en conversiones histéricas.

Y si...

Y si los besos son prestados, no quiero deberte ninguno.

Y si me dejas tocarte, hasta voy a acariciarte el alma.

¿Cuántos poemas te escribí en papel y en computadora?

Es hora de escribirte uno en la espalda.

¿Cuántas sonrisas me regalaste? Ahora las quiero todas

para mí.

Y si muero mañana, quiero que sea sin arrepentimientos.

Y si me acuesto a dormir esta noche, quiero que sea contigo.

Ilusos y humanos

No hay nada tan real como la vida, no hay nada más absoluto
que la muerte.
En medio de ambos extremos estamos nosotros, divagando,
navegando en círculos,
intentando justificar nuestra presencia, deseando
encontrarle sentido.
Algunas veces creemos tener los argumentos suficientes;
en ocasiones pensamos que logramos lo trascendente, pero
descubrimos que todo es banal.
Pasamos los años combatiendo contra eso, morimos pensando
que estuvimos muy cerca.
Qué ilusos, qué humanos somos.
Y si Dios existe es un observador perverso, aburrido de
su omnipotencia. Nos tortura por diversión, pero en el
sufrimiento que provoca deja ver la envidia que nos tiene.

Desayuno

Esta mañana estaba pensando en ti, y por distraído me
atraganté con el desayuno.
Ahora tengo un pedazo de empanada atorado en la garganta
y un «Te amo» también.

Florero

Es un desgraciado.
No te apoya, te reclama, solo da excusas.
No tiene interés en ti, son más que escasas sus atenciones.
No te hace sonreír, pero te prohíbe que lo hagas con
alguien más.
Quiere saber tu ubicación, necesita controlar tu agenda.
Sabe que está ausente, está consciente de que no te da todo lo
que te mereces.
No quiere dejarte ir por su ego, no porque te ame.
Él siempre te vio como a su propiedad, como a un lindo florero.
A veces te sorprende con un detalle, piensas que esta vez sí
cambiará, horas después vuelve a decepcionarte.
No estoy diciendo que soy mejor que él, pienso que en mi
corazón hay más espacio para ti.

Musa

Esta poesía es para ti, tú sabes quién eres.

Inédita o clandestina, mi inspiración lleva tu nombre.

Mencionarte le quitaría la magia, agradecerte nunca
será suficiente.

Tal vez mi devoción por ti sea incorrecta, pero cualquiera en
mi lugar haría lo mismo.

Cualquiera en su sano juicio lo perdería para besarte.

La moral es un estorbo; me limita, pero no me detiene; tu
belleza es sofocante, me arrebata la respiración, pero no
me asesina.

Me deja agonizando, antes de ti nunca habría elegido una
muerte lenta.

Hoy desprecio la guillotina, si no me condenan por fundirme
en tu cuerpo.

Hoy rechazo el paraíso, si no vas a estar tú.

Masoquista

El amanecer no está llegando, una neblina densa invade la casa, las habitaciones huelen a ausencia.

El frío entra despreocupado en la carne, mi vacío lo usa como su hogar.

Los cuervos están merodeando afuera, quieren las sobras que tú dejaste.

Me negaste más de una vez, pero hasta el vagabundo con esquizofrenia sabe que te quedaste a dormir.

Todo lo hiciste mal; la herida, que según tú era mortal, no acabó conmigo.

Ahora camino por las calles desangrándome, en el rastro que dejo atrás se pueden leer tus iniciales.

Hoy duele lo que mañana será cicatriz, así como ayer besé lo que eventualmente me haría daño.

Soy masoquista, repaso los pasos que me llevaron hacia ti.

Siento que nacen espinas en la espalda cada vez que recuerdo mi error.

Este aprendizaje me costó demasiado, pero no tanto como para temerle al amor.

Ardor

Tu cintura se viste de Caperucita
al deseo le quitaste las cadenas
ese ardor, por fin confiesas que lo necesitas
llevo años esperando la luna llena.
Por fin llegó la hora de la cena
por fin me invitaste a comer
yo resignado a cumplir condena
tú dispuesta a satisfacer.
Ese cuerpo no lo quería corromper
pero su ropa era una envoltura innecesaria
los secretos en su piel los tenía que conocer
y dejar de amanecer con su versión imaginaria.

Lo que nunca fue

Nuestra mirada decía cosas que solo nosotros entendíamos.
Teníamos una complicidad sin definición.
Era incorrecta, claro que lo sabíamos.
guardamos el secreto, jugamos a la discreción.
Invadió cada rincón
subió la temperatura
no tocarla, mi maldición
decirle amiga, una tortura.
No me conformé con su sonrisa
sabía que la tenía prestada
por las noches era brisa
aparecía en la madrugada.
Me decía que dormía en una cama congelada
yo podría ser Prometeo
ella y su pasión abandonada
yo y mi ferviente deseo.
Al final no pudo ser, llámale cobardía o moral.
El romance fuera de lugar tenía pautas confusas.
Nos detuvimos en el último paso, algo podría salir mal.
Mi atrevimiento se paralizó, a ella le nacieron excusas.

Almas gemelas

Las almas gemelas siempre vuelven a encontrarse
ellas mismas son su hogar cuando están perdidas.
Nacieron para amarse, aunque no puedan recordarse
ya lo hicieron en otras épocas, lo repitieron en otras vidas.
Su vínculo atraviesa pasado, futuro y presente.
Culparon a la coincidencia, pero siguieron un camino.
Atendieron a un llamado inconsciente
y al no saber definirlo, le dijeron destino.
Pareja de ángeles que cayeron
perdieron sus alas, olvidaron su origen.
La muerte los obliga a comenzar desde cero.
Se convirtieron en dos extraños que se eligen.
El tiempo se ríe de ellos, pero su burla solo es impotencia.
Son la excepción, no pueden hacerlos sus marionetas.
Regresan siempre con otros nombres y apariencia.
La última vez que supe de ellos se llamaban Romeo y Julieta.

Quemadura

Me colé por el pasillo
por las horas eternas
yo le apagué el cigarrillo
ella encendió sus piernas.
Me quemé con lo indebido
hoy beso la quemadura
si mañana estoy perdido
quiero morir en su cintura.
Sus ojos me guiaron
eran un par de bengalas
sus dedos en mi espalda escarbaron
nunca encontraron las alas.
Yo no era el amor de su vida
solo fui algo parecido
fue tan rápida su despedida
yo hice lento mi olvido.

Perfecta

Tus atributos no deben hacerte sufrir, tu cuerpo está lleno de flores, no de complejos.

Está lleno de vida, de frutos dulces, soy la abeja que se muere por dormir en tu jardín.

¿Acaso te falta un espejo? Tal vez te falten mis ojos para que veas lo hermosa que eres.

Sí, hay otras mujeres, pero tú eres la única entre un billón.

¿No sé de lo que estoy hablando? Alcancé a ver de reojo tu alma y por esa razón estoy insistiendo.

Mi enamoramiento habla muy bien de ti, te está mostrando aspectos que no tomas en cuenta.

No puedo creer que te sientas insegura, si yo me paso horas acariciando tus fotos.

No puedo creer que te sientas poca cosa, si yo en cualquier momento daría vida por ti.

No te confundas, esto no es un «levanta autoestima», es evidencia.

No me malentiendas, no digo esto porque te quiera, tu belleza es una verdad absoluta.

Me vuelves loco, pero decir que no eres perfecta, eso sí sería una locura.

Por si no lo sabías

La vida no es un negocio, no importa cómo te lo vendan las jodidas multinacionales.

Los verdaderos villanos llevan barras y estrellas, hojas de maple o tienen hora del té.

Estafadores y asesinos de cara bonita, de presentación elegante y buen enfoque de cámara.

Manipulación al máximo nivel, aun así no pueden disimular, de la porquería no nacen flores.

Hollywood te muestra lo que no es, las intervenciones militares son por el petróleo, no por la libertad

pero presume con orgullo esa maldita estatua que solo demuestra su cinismo.

Y a los que defienden la soberanía de su país los hacen ver como dictadores que deben morir.

No quiero decir que sus opositores sean buenos, solo intento aclarar que «ellos» no son los héroes.

La gente no lo cree, se aprovechan de su desinformación e ignorancia.

El ciudadano informado y consciente no siempre es comunista, pero lo señalan como tal para desacreditarlo

pues te enseñaron que un obrero que no está conforme con una evidente desigualdad es un huevón problemático.

Por si no lo sabías, prefiero incomodarte obligándote a cuestionar que distrayéndote con entretenimiento vacío.

Por si no lo sabías, ya deberías saber esto.

Deudas

Me debes los besos que me diste en la mejilla, todos esos besos que debieron ir más a la izquierda.

Te debo esas caminatas nocturnas, donde estábamos solos, donde debí tomarte de la mano.

Me debes esos sueños sexuales, tendrías que hacer realidad al menos uno de ellos.

Te debo tantos abrazos, por cada vez que te saludaba, por cada vez que me despedía de ti.

Me debes sonrisas, me regalaste algunas cordiales, pero fueron muy pocas las que mostraste desde el corazón.

Te debo las llamadas que no te hice, los mensajes que no te envié, el motivo era un «te extraño».

Me debes intimidad, pero no te estoy hablando de sexo o desnudez.

Te debo mi alma, se la vendí a un demonio para escribirte poesías.

Me debes fotos juntos, esas con las que pudiera fantasear con el «hubiera».

Te debo más de un te amo, juro que te los pagaré después.

Le tengo

Le tengo una charla amistosa a quien prefiere cuestionar antes
de afirmar algo sobre un tema que no conoce
al que no se quedó callado, ese que cortó el nudo en la garganta
al que dijo «te amo» por primera vez, ese que estaba temblando
de miedo, ese cobarde que ya no lo fue, pues el amor le
pudo más.
Le tengo un abrazo guardado a esa valiente que pasó por un
infierno, pero que le sigue mostrando el paraíso a todos
a esa que conoció la decepción más amarga, esa que por fin
entendió que no fue su culpa.
Les tengo más de un aplauso a esas personas incondicionales,
que hacen el bien a otros sin la necesidad de presumirlo
a esas que tienen la empatía como principio universal, que
hacen lo que hacen porque les nace, no porque busquen
agradecimiento.
Les tengo toda mi admiración a esas personas que viven y dejan
vivir, que aman en vez de odiar, que sueñan y hacen
a esas personas que entre el amor y la libertad no ven
diferencias, que entienden que la abundancia solo debe
aplicarse en la felicidad.
Les tengo varias preguntas a esas personas que mueren
sonriendo, esas que siempre lo supieron todo.

Ruptura

Si hoy terminara contigo, no pasaría nada, seguiría respirando,
el corazón no dejaría de bombear sangre
el mundo no se acabaría, todo seguiría su curso.
Los niños seguirán riendo, no caería Wall Street ni comenzaría
otra guerra.
Si hoy terminara contigo, la muerte igual sería segura, tal vez
llegaría antes.
Nuestra separación hasta me convendría, tendría mucho
que escribir
tendría tanto tiempo libre, no me complicaría por nada.
Si hoy terminara contigo, descubriría que no te necesito
para vivir.
Lo único que cambiaría es que ya no sería feliz, pero solo eso,
no es tan importante.

Instantes

El viento abrazando existencias efímeras.

Las flores explicando la vida y la muerte.

El corazón luchando todos los días.

El tiempo proclamándose vencedor.

El miedo en los labios de todos.

El amor siendo mudo.

La ignorancia poniéndose una corona.

La literatura mostrando que no tiene rey.

El dinero comprándolo todo.

El alma dando sus pedazos gratis.

El silencio quitando respiración.

El beso reemplazando palabras.

La mente abriendo puertas infinitas.

La realidad siendo una casa pequeña.

La ambición siendo lava ardiente.

El mundo se llama Pompeya.

Llamas

Un anillo no va a decirte lo mucho que te amo, una boda lujosa no va a mostrarte mi compromiso.

Un contrato formal no te asegurará mi lealtad, una luna de miel en el Caribe no te diría si te haré feliz todos los días.

Lo sabes, solo soy un hombre que vive para amarte, para contarte secretos y mostrarte fragilidad.

Soy esos mensajes de buenos días desde hace nueve años, soy el pecho en el que lloraste el peor día de tu vida.

Soy tu maestro y aprendiz, tu novio y amigo, soy tu irritable día soleado, tu noche de sin dormir y tus mañanas de lunes.

Nunca hemos pensado en cumplir lo que exige la sociedad, estamos concentrados en saciar la necesidad que requerimos para ser felices.

Hemos alimentado nuestro romance, lo convertimos en libertad, sin compromiso, elegimos estar juntos.

Nada nos ata, a excepción del amor, el matrimonio para nosotros será un mero trámite.

Nuestras promesas son de mortales, lo eterno no va con nosotros.

Somos llamas que se apagarán, pero que arderán juntas hasta el último segundo.

Judas

Me compadezco del amigo que traiciona; si no es puro en la amistad, no lo será en el amor.

Sus vínculos están hechos de conveniencia, se revientan en el primer estirón.

Pobre sujeto, está condenado a llevar una máscara pegada al rostro, nadie lo conocerá de verdad.

Y si algún día logra quitársela, no sabrá quién es.

Me imagino que escucha voces que lo atormentan al mirarse al espejo, que ni a su reflejo puede sostenerle la mirada.

Construyó un castillo de mentiras, uno que se destruye con la más ligera brisa de verdad.

Avergonzado, esconde sus pecados, pero las expresiones falsas no se pueden disimular.

Cuando le preguntan cómo se siente, y sonríe, las arrugas de su frente forman la palabra culpable.

Va de un lado a otro arruinando vidas que después sanarán.

Va de un lado a otro manchando a todos con la herida que siempre tendrá abierta.

Su corazón es negro, odiará a quien lo tenga completamente rojo.

Su alma está podrida, dirá que todos la tienen igual; pero no es así, él está solo.

Instintos reprimidos

Sé que si estás en casa puedo buscarte por las mañanas, antes del mediodía.

Tu carcelero se va confiado, no sabe que tú siempre has tenido las llaves.

Las estrellas no le piden permiso a nadie para brillar.

La luna no está comprometida con el sol, ¿o será que lo engaña todas las noches?

El calor que encuentras en mi chimenea es el mismo que falta en tu casa fría, nadie sale a buscar algo que no necesita.

Tú eres tan libre como lo quieras ser, ya sea por placer, compañía, risas; alguien que te escuche, todas son razones justificables.

La moral es un chantaje, el corazón no se deja extorsionar.

El deseo es un animal salvaje, las prohibiciones lo excitan.

Nunca caemos ante la tentación, solo reconocemos lo que siempre hemos querido.

No existe la traición cuando te eres fiel a ti mismo.

Lo llaman pecado, a todos les indigna; hipócritas, todos juegan con la misma suciedad, pero señalan con desprecio a quien nunca lo escondió.

Se lavan las manos, pero hasta las manos más limpias tocaron algo que no debían.

Todos quieren mojarse en el *jacuzzi*, nadie quiere pagar la cuenta.

El mundo sería una playa nudista, si no le temieran a la consecuencia.

Tortura elegida

Cuando te extraño miro tus fotos; pero bueno, eso ya lo sabías.
No me pidas imposibles.
Si dejo de respirar, dejaré de quererte; si dejo de quererte,
dejaré de respirar. ¿Entiendes la situación?
Nunca pensé en resignarme, hoy eso me pasa factura.
Una respuesta abierta es peor que el rechazo directo.
La esperanza tortura; quizás me hace ver espejismos, pero no
tengo ninguna duda, tu sonrisa es real
aún me ves colgado de ella, como si fuera la primera vez;
todavía sigo mirándote, como si fuera la última.
¿Ves cómo me tienes?
No intento que asumas tu responsabilidad, yo elegí morir de
esta manera.
No deseo que sientas lo mismo, simplemente yo no puedo dejar
de sentir.
Dijiste que mis probabilidades nunca serán cero, aunque tu
corazón parezca inalcanzable.
En esta ocasión pretendo ser sincero, me conformo con que
admitas que me acerqué.

Destino opcional

Estamos sujetos al sufrimiento, es nuestra más hermosa
condena; aun así, se puede sufrir mejor.
Pocos alcanzan el verdadero bienestar, no se consigue fácil,
pocos se atreven a buscarlo.
Nos han enseñado que no hay elección, que debemos
conformarnos, pero se equivocan
podemos salir de la porquería, podemos negarnos a repetir
el ciclo,
pero como nadie lo intentó asumen que es imposible.
Ellos eligieron estar ciegos, les atemorizó la luz; acostumbrados
a la oscuridad, dirán que abrir los ojos es un crimen.
Aquellos que solo saben remar en círculos siempre pensarán
que cambiar de dirección es arriesgado.

Corazones intercambiados

Las flores se marchitaron, el orgullo se quedó, todo se
volvió ruina.
En pedazos se arrastraron, tomaron otra dirección, nunca se
despidieron.
Ya no mencionan sus nombres, se recuerdan en silencio
ya no suspiran por el otro, o eso quieren creer.
El amor ardió en el hielo, lo derretido los apagó.
La tormenta apareció, nunca aprendieron a nadar.
Escaparon del predicamento, no pensaron en resolverlo juntos.
Conocieron a otras personas, pero no volvieron a amar.
Tenían los corazones intercambiados, otro amor ya
no embonaba.
Tenían un matrimonio espiritual que no desapareció al
divorciar la carne.
Todo se hubiera arreglado en una conversación, pero el
resentimiento los hizo mudos.
Despertaron del sueño para ser infelices, ya no se atrevieron
a dormir.

Presente

Cada amanecer es un reinicio.

Un día más solo es un día menos, no importa la perspectiva.

¿El vaso está medio vacío o medio lleno? Aquí eso no vale.

Tenemos un reloj invisible parchado en el corazón, marcado con la fecha exacta en la que dejará de funcionar.

Habrá una frontera que no nos permitirá ir más allá, por eso debemos galopar con todas nuestras fuerzas.

Prefiero estamparme en el obstáculo a ser un cobarde que no saltó.

Este texto iba a ser optimista, pero la vida es cruda, no puedo pasar por alto los detalles.

La tierra que estoy pisando, un día formaré parte de ella; las personas a las que estoy amando, un día les diré o me dirán adiós.

Sin más, sin menos, la existencia se borrará como las huellas en la arena.

La marea seguirá su curso y el tiempo les hará olvidar que te fuiste.

El hoy es un regalo, por eso le dicen presente; el mañana es tan incierto que lo llamaron futuro, pues no es seguro que llegue.

La magia de lo incondicional

Una parte de mí siempre se va contigo, nunca vuelve.
No recupero nada de lo que te doy, pero por cada flor que me arranco crecen diez más
y esa es la magia de lo incondicional, das mucho porque eres mucho y eres mucho porque das mucho, perdonen la redundancia, ya no sé cómo explicarlo.
Aquel que riega las plantas de otros, con el agua que le sobra, nunca le va a faltar frutos:
su acción ya viene con una reacción automática,
su buena intención ya viene con una consecuencia positiva.
No se les toman fotos a los actos de amor o de empatía, quien hace lo correcto no necesita presumir, no necesita evidencia.
La única gratificación se guarda en el corazón, y la única razón para hacerlo es porque te nace, así de simple.

Tú, yo, etc.

Tu piel es un mapa, tus lunares los lugares donde se debe cavar.

Tu cuerpo es una trampa y yo el ratón que no se cansa de caer en ella.

Tu sonrisa es un disparo en el pecho, tus ojos una condena eterna en el infinito.

Tu lengua es una guillotina y yo soy un condenado a muerte.

Tus piernas son una fiesta privada, yo vengo sin invitación.

Tus hombros desnudos son una locura, por eso desearte es lo más coherente.

Tu amor es el fruto de la muerte y yo una mordida suicida.

Tu corazón está prohibido y yo lo quiero justamente por eso.

Mujer en Roma

¿Estás segura? ¿El camino que me lleva a Roma me llevará a ti?
Y si te digo «I love you» no será por accidente, lo tienes
bien merecido
que ni para odiarte se me da licencia, que ni para amarte
tampoco, por eso preferí pagar la multa.
Acércate, aunque sea a través de tu arte, y si vas a marcharte no
lo hagas por venganza, sino por justicia.
San Pedro me espera con el portón abierto y yo con el corazón
igual, sé que no soportaré la despedida, «me va a doler».
Y si voy a correr en espiral, será recorriendo los tatuajes de tus
piernas, solo me voy a detener donde se terminen.
Hay flores y vino en tu jardín, mi hambre y mi sed llegarán a su
fin cuando me dejes entrar.
Estas malditas ganas me hacen decir mentiras de jarabe, este
amor desgraciado me hace callar verdades dulces
pero tú sabes que así debe ser, *c'est la vie.*

Amor eterno

Jamás dejaré de amarte, te llevaré hasta el día de mi muerte.

Quizás el amor no correspondido sea el más eterno.

Un regalo que nunca se da queda intacto.

La llama de un corazón que nunca se abre, nunca se apaga.

Nublado

Un oscuro manto me invade, nublado mental, la decepción me llega hasta el cuello.

La idea del suicidio aparece como una salida de emergencia, aparece como unos zapatos sucios que creí haber tirado.

Esas sensaciones negativas las convertí en ganas de llorar que nunca se saciaron.

No hay anestesia para la inyección de anestesia, del dolor no se escapa.

¿El sacrificio lo vale? Esa es mi cuestión.

Y si nada cambiara, ¿para qué me estoy esforzando?

Chocolate

Te derrites y mi lengua te recoge.
Dices que eres crujiente y te muerdo para averiguarlo.
Si eres tan dulce, yo tengo algo amargo para ti y así
hacer equilibrio.
Quiero el chocolate en presentación humana, el molde exacto
de tu cuerpo.
Ya quiero empezar a comer, así que ven a mí sin envoltura.

Bache

Volví a salir del bache emocional
y aunque sé nadar, a veces también me ahogo en mis penas,
nunca olvides llevar un salvavidas.
Estar de bajón es un derecho, volver a levantarte una
responsabilidad.
y si hoy no puedes, ve a dormir, mañana despertarás con
otra perspectiva.
Claro que tu problema es personal, pero eso no significa que
debas enfrentarlo solo.

Sin mentiras

Te mentiría si te dijera que no pienso en ti, por las noches el viento susurra tu nombre.

Te mentiría si te dijera que no sueño contigo, la almohada puede contarte todas mis fantasías.

Tus fotos hablan, me seducen, me dicen que profane tu imagen.

Tu recuerdo me tortura, me invita a buscar un alivio.

Ayer pensaba en tu vestido rojo, me preguntaba si se quita fácilmente.

Ayer pensaba en tu cuerpo ardiente, me preguntaba cuántos lunares tiene.

Y si desearte es un delito, quererte no lo es.

Y si tu sonrisa es el paraíso, hoy me considero creyente.

Consejo

El talento no se puede comprar, el arte sobresale hasta en la peor superficie.

Para los sueños no hay excusa, se cumplen hasta trabajando en un taller con el suelo mínimo.

A veces, el único empujón que necesitas es el que te das a ti mismo.

En ocasiones, la única inspiración que te sirve es la vida misma.

Y para los que pensaban que mi poesía iba hacia ningún lado, hoy cruza medio continente.

Y para los que pensaban que había límites, yo vengo de un lugar donde decían que triunfar era imposible (*Nach*).

No me malinterpretes, el camino a seguir no es el mío, yo solo te estoy mostrando la posibilidad de avanzar.

Carne vs. carne

Quiero derretir esa nieve blanca que tú llamas piel y que en tus piernas caiga un aguacero.

Bajar por tu abdomen, arrodillarme, empezar a rezar, aun sabiendo que soy ateo.

Donde termina tu cabello largo comienza mi placer, donde mueren tus limitaciones nacen mis posibilidades.

Carne vs. carne, almas compartiendo apuntes, maestra y alumno invirtiendo papeles.

Muero por arrullarme con los latidos de tu corazón.

Esta noche quiero dormir y no encuentro mejor almohada que tu pecho.

Insomnio

Noches tumbado en la cama, a punto de dormir.

Entro en pánico al pensar ¿a dónde irá mi consciencia?

¿Dónde nos encontramos cuando estamos durmiendo?

¿Y si ya no despertamos?

Mi insomnio es un instinto de supervivencia.

Dormir es tan parecido a morir, cierras los ojos y se baja
el telón.

Morir es tan parecido a dormir, te desconectas y ya
nada importa.

Debemos despedirnos antes de conciliar el sueño, pues no
sabemos cuándo se nos olvidará regresar.

Tú

Tus palabras estafadoras.

Tu cuerpo convincente.

Tu amor artificial.

Tu placer realista.

Tu herida abierta.

Tu corazón cerrado.

Tus verdades de plástico.

Tus mentiras de carne y hueso.

Tus labios provocando caos.

Tu sonrisa deteniendo el tiempo.

Tu boca siendo muda.

Tu alma gritando.

Tu saludo tan corto.

Tu despedida tan larga.

Tu impacto de segundos.

Tus repercusiones eternas.

Tu vida siendo bella.

¿Tu muerte lo será también?

Cazador/cobarde

Cazador de venados, te invito a cazar al tigre con un cuchillo
cualquiera puede dispararle a un animal indefenso.
¿Por qué presumes el asesinato?
Si esos «trofeos» solo son un tributo a tu cobardía.

Amenaza

La próxima vez que nos veamos no iré por menos de un beso,
voy a darte un abrazo como si fuera tu cumpleaños.
La próxima vez que me sonrías no voy a detenerme, te amaré
como si no lo hubiera hecho nunca, como lo he hecho siempre.
Y sí, es una amenaza.

Felicidad

Huyes en la madrugada.
Tu aroma da vida cuando estás presente, pero tu ausencia
es asesina.
Te extraño, pero si me preguntas, te diré que vuelvas
cuando quieras.
Tocarás a mi puerta cuando sea conveniente, yo no saldré
a buscarte
siempre te encuentro dentro.
Volverás a crecer como la hierba en las esquinas de un edificio.
Nadie puede arrancarte, solo yo.
Otras personas te hacen florecer, pero cuidarte es
mi responsabilidad.
La soledad es mi amante cuando no estás.

Preguntas nocturnas

¿Pude pedir mucho más?

¿A qué te referías cuando me dijiste que no aproveché?

¿En alguna ocasión te acorralé? ¿Cuándo? Yo no me di cuenta.

Esas preguntas no me dejan dormir, pensar que en algún
momento estuviste dispuesta.

me saca de quicio, te tuve contra las cuerdas y ni siquiera
lo noté.

¿Con qué ibas a pagar? Al menos responde eso.

¿Quizás un beso? Un cheque en blanco con el que me dirías
«todo vale».

Tal vez con un momento, una noche, un recuerdo que me
marcaría para siempre,

pero hoy solo tengo especulaciones, cuestiones que me
despiertan en la madrugada.

Y todavía me pregunto: ¿aún no es tarde para ir a cobrar?

Engañados

Se desesperan por alardear, inflando el pecho; ponerse por encima del otro,
pero no tienen nada de qué presumir, por eso acuden a la mentira.
Falso estatus social, éxito artificial, bienestar irreal, pero lo peor de todo eso es que se engañan a sí mismos.
Carecer de atención y afecto los orilla a hacer locuras.
Sacrifican la dignidad y el respeto con tal de conseguir una admiración vacía.
Buscan la victoria superficial, porque encontrarla dentro les resulta imposible.
No quieren lo que tiene el otro, quieren que el otro no tenga nada.
Creen que si el vecino es miserable podrán aligerar su propia miseria
¡qué equivocados!
Si están manchados de porquería, ensuciar a otros no los limpiará.
La envidia también se traduce como falta de autoestima.
Tener la necesidad de humillar para sentirme mejor conmigo mismo es triste.
A quien le falta amor le va a faltar todo, quien no es feliz en la sencillez no lo será en una mansión con millones en el banco.
Si no se llena el corazón, tener de más en los demás aspectos no servirá de nada.

Paciencia

Conquistarte tardará lo que tenga que tardar, no llevo
ninguna prisa.
Ya sea un año más, cinco o diez, algún día despertarás conmigo
y no voy a obligarte, si vas a desnudarte será porque tú así
lo quieres.
Y esa es la mejor parte, será sin chantaje, sin negociación.
Tú misma me mostrarás el corazón y escribirás mi nombre.

Mensaje para el soñador

Soy el obrero que llega tarde, ese que no trabaja en lo que le apasiona porque es un lujo que no puede darse.

Dicen que perseguir tus sueños no te hará rico, pero ser un proletariado tampoco.

Tener empleo y dinero solo es para sobrevivir. ¿Qué es lo que te hace sentir vivo?

Eso, lo primero que se te vino a la mente, a eso debes ponerle todo tu empeño.

Son muy pocos los que se dedican a lo que aman, el resto solo se está mintiendo.

Resiste, no abandones, lo sé, tu jefe es imbécil, tus compañeros conformistas.

Aguanta con tu sueldo de mierda, organízate, traza un plan, enfócate en lo importante.

Aprende de las críticas, ignora los insultos, no permitas las humillaciones, nadie te puede menospreciar.

El secreto: constancia, paciencia, sacrificio y seriedad.

Escala la montaña sin hacer escándalo, y cuando llegues a la cima dile al mundo que se joda.

Amor válido

Eres bellísima, tanto que me haces daño, ¿no te das cuenta?
Extraño enamoramiento, cercano a la obsesión
pero pienso que es pasión acumulada, esa que no llega a nada,
una prisionera que se lamenta dentro de mí.
Eres bellísima
me arde el pecho cuando te veo, desgarradora atracción
el corazón salta de un lado a otro, causa todo un alboroto, grita
tu nombre.
No hay consuelo más efectivo que pasar a la acción, ya te pensé
mucho, ya te miré demasiado.
Te he amado durante tanto tiempo y mi amor es igual de
válido, aunque no sea correspondido, aunque no sea confesado.

Tragedia

Hay una persona sufriendo
no le cuenta a nadie, tiene heridas sin cicatrizar
tiene tantos nudos en la garganta que hace que sus ojos lo
comuniquen todo.
Su sonrisa es un mensaje de auxilio, pero es invisible ante el
ojo promedio.
Pocos se interesan en su bienestar y los que sí se interesan no la
entienden.
Esa persona lleva años cargando una mochila llena de piedras.
El dolor es su mejor amigo, la soledad su refugio.
Acumula lo negativo, los bolsillos donde debe guardar todo lo
bueno están rotos.
Llorar ya no le resulta suficiente, es irónico que su vacío la llene
de tristeza.
Se arrastra para salir de la cama, solo ahí encuentra consuelo.
Se rasca los recuerdos dolorosos, no puede evitar hacerse daño.
Un día no pudo más, explotó.
Su vida no se convirtió en una tragedia, siempre lo fue,
solo finalizó.

Intercambio

Vamos a negociar
intercámbiame fotos por poesías
y si mi verso sube de tono, tú haz lo mismo.
Regálame sonrisas para retratarlas con palabras, o al menos
hacer el intento.
No te preocupes, no tienes que simular ser el amor de mi vida,
desde la primera palabra que te dediqué te asumí como tal.
Desde hoy, te llamas Musa y te apellidas Inspiración, mi nueva
razón para escribir.

Miradas

Las miradas dicen «te amo».

Dicen: me gustas, te odio, tengo miedo.

A veces son una invitación o un rechazo contundente.

Atraviesan personas, pero también son las ventanas para entrar
son un lenguaje que pocos pueden entender.

Las miradas burlan lo prohibido, confiesan el pecado
son la herramienta más útil en la complicidad, los amantes las
usan para besarse en secreto
a plena vista, pero a la vez a escondidas, ellas guardan secretos
y cuando ya no pueden más se cubren de lágrimas.

Con la persona adecuada pueden reflejar el universo, gracias a
ellas el alma puede salir a saludar.

Las miradas transmiten la vida, por eso el mundo es clausurado
al cerrar los ojos.

Fuego

Antes te había dicho que el color rojo te quedaba, simboliza la pasión ardiendo.

Y tú, por pasiones, ¿cuántas levantas al día?

La sensualidad es un arma mortal y tú eres una asesina en serie todas tus víctimas mueren de la misma manera, qué hermosa forma de perecer.

Ayer me fui a dormir, no elegí soñarte.

Hoy escribí esto para intentar apagar el incendio

que provocaste

pues eres fuego y yo ya me quemé.

La ventaja de la mala suerte

Lo fácil no es para mí, la vida me lo dejó muy claro desde el inicio.

Unos nacen agraciados, otros nacemos rotos.

La mala suerte se convierte en una forma de vida, tiene un gran mérito vivir con ese nivel de dificultad.

Todo me pasa a mí, hasta la tontería menos pensada.

Con el tiempo te adaptas, haces estrategias, anticipas lo que pueda venir.

Esperar siempre lo peor te lleva a no decepcionarte, la baja expectativa hace que te sorprendas.

No creas que todo es malo, tiene sus ventajas, lograr tus sueños, encontrar la felicidad, Descubrir el amor se vuelve más complicado de lo normal, pero eso le da un valor extra.

Y cuando por fin alcanzas tus anhelos la satisfacción viene al doble.

Y solo por eso no cambiará nada.

Sin olvido

No te olvidé.

Yo sé que éramos extraños, y aunque hayan pasado tantos años sigues aquí dentro.

Abriste mi fortaleza, puedes entrar cuando quieras, no he cambiado la combinación.

Quiero pensar que estás bien, que eres feliz, que nuestro futuro juntos no iba a ser tan bueno como el que tenemos ahora.

Fuimos muy tontos, lo nuestro jamás se consumó pero
nos ilusionamos
como si no estuviéramos a seiscientos sesenta kilómetros
de distancia.

Y aunque hoy tenga los medios y el valor para ir a buscarte, nunca me atreveré.

Tal vez no me recuerdes.

Negro paisaje

Silencio sepulcral, la soledad tiene una bella simetría.
Los ojos son un lago donde ya no viven peces.
El corazón hecho cenizas, dispersado como polvo en
la habitación.
La luna no salió esta noche, las estrellas no iluminan
lo suficiente.
¿Quién será la orientación para las almas confundidas?
La nostalgia muerde el cuello, quiere beber toda la sangre.
El rencor ha nacido, llora por los padres que nunca conocerá
El amor hizo una llamada, dice que llegará tarde.

Placer amargo

Tus palabras.
Ya sé que saben a mentiras, pero aun así me las trago
ya estoy acostumbrado al sabor amargo, en ti no hay
nada dulce.
Tu cuerpo no es un algodón de azúcar, es una telaraña, tu
saliva tiene veneno y yo he muerto tantas veces.
En cada disección pueden verse las marcas de tus besos,
impregnadas en mis huesos y aún digo que no eres para tanto.

Payasos

Los gobernantes dicen que acabarán con los villanos pero esos villanos patrocinaron sus campañas.

La política es un chiste y payasos todos los involucrados.

El dinero es el fin al que todos quieren llegar, por eso el empresario pudiente es quien toma las decisiones.

Todos ellos quieren una rebanada grande del pastel, pero el pastel no es suyo.

Animales excitados por la ganancia, perdieron su humanidad, no tienen conciencia.

Delincuentes a quienes no se les aplican las leyes, pues ellos las escribieron.

Siempre se salen con la suya, pero estoy tranquilo, el egoísmo no tiene un final feliz.

Ningún lujo puede sobornar al remordimiento.

Y aunque viajen en autos blindados, vivan en casas de seguridad, rodeados de guardaespaldas, al final del día se quedan a solas consigo mismos y el espejo es un verdugo.

Mamá

Y si el amor tuviera otro nombre sería el tuyo.

Mi hogar no es un lugar, eres tú.

Ese corazón es tan grande, tienes espacio para todos.

Tu sacrificio infinito es imposible compensártelo.

Ser incondicional es tu especialidad, única debilidad:
amar demasiado.

Mi dolor es el tuyo, tu dolor es el mío, nuestro vínculo no se
puede cortar.

Ya no te estoy buscando en otras mujeres, nunca hubo punto
de comparación.

Todo el mundo se reduce a una persona y es que nada
importará cuando ya no estés tú.

La vida se explica deletreando tus iniciales.

La felicidad se define con una palabra: mamá.

Ovejas y lobos

La justicia, aparte de ciega, está atada de manos, y para que no hablara le metieron billetes en la boca.

Un disparo en la cabeza lo resuelve todo, nadie grita, protesta o denuncia después de eso.

El miedo y la ignorancia los llevan al matadero.

Le estrechan la mano a quien la tiene manchada de sangre.

Ovejas que aún le aplauden al lobo cuando les promete que cuidará al rebaño.

Gustos extraños

Me tienes condicionado, atado, a tu merced, endeudado con tu capricho.

Tu hechizo, sé cómo librarme de él, pero no quiero hacerlo.

Le encontré un gusto extraño a tu tortura, me invitas a ver, dices que tal vez pueda tocar, pero sonríes y te alejas.

Hoy sigo esperando, sé que llegará mi turno y solo entonces te daré tu merecido.

Consecuencia natural

La naturaleza grita pidiendo auxilio, el ser humano solo escucha el sonido del cajero automático.

Los árboles se están extinguiendo, pero al capitalista solo le quita el aliento su cuenta bancaria.

Irónico, el mar está siendo ahogado con basura.

El agua potable está sobreexplotada, pronto no quedará nada, pero la ambición nunca se acabará.

Los recursos naturales no son sus recursos, no les pertenecen a nadie, cómo se atreven a privatizar.

Nadie se vengará, el cambio climático y la extinción de la especie serán las consecuencia de sus actos, un efecto dominó.

¿Por qué creen que le dicen madre naturaleza?

¿Quiénes se supone que son sus hijos?

¿Ya lo pensaron?

Bruja

Tu lengua es una navaja cortando mi cuello, tus piernas tijeras
que me parten en dos.

Esos cabellos son serpientes de Medusa, y yo que buscaba una
excusa para convertirme en piedra.

Me dicen oso por mis abrazos, te llaman sirena por
obvias razones.

Reina de corazones, sales de la manga, entras al tablero, todos
se vuelven peones.

Tiras una moneda con dos caras iguales, pero tu identidad es
una matrioska.

Creas necesidad al soltar una sonrisa, pareciera que lo hicieras
a propósito.

Tu magia entra por los ojos, todo lo conviertes en deseo y por
eso te dicen bruja, pero en realidad eres alquimista.

Confort

Lo cotidiano me está matando, me vuelvo viejo y aún tengo mil cosas por hacer.

Me falta tiempo. ¿Lo tuve? ¿Aún lo tengo? Ya no estoy seguro.

Mi rutina es un puesto de trabajo para el que estoy sobrecalificado.

Y no soy la gran cosa, pero no encuentro a quien siga mi ritmo y ya me cansé de acoplarme.

Si quieres volar, no puedes andar con peces; pero me siento cómodo siendo el único con alas.

Y ese es el maldito problema, si solo me pongo a competir en divisiones inferiores siempre voy a ganar.

La zona de confort es pegajosa, difícil desprenderse; la competencia no me inspira, en lo mío ninguno es mejor que yo, pero quiero creer que yo no soy mejor que nadie.

Reproches

Estoy celoso de tu cama, todas las noches se acurruca contigo. Le tengo envidia al agua de tu regadera, tu cuerpo lo recorre hasta el último rincón.

Maldigo a todos aquellos que te hablaron de amor, pero que en la práctica se limitaron al sexo.

Odio a las personas de quienes te enamoraste, nunca antes me quise odiar tanto.

Me indignan los tipos que solo miraron tus curvas, cuando eres un ser de trescientos sesenta grados.

Les digo imbéciles a los que subestimaron tu corazón, los que pasaron por alto tu alma y no se atrevieron a conocerte.

Yo te quiero, tanto como para morir por ti; y te amo lo suficiente como para vivir sin estar esperando a que lo entiendas.

Grito de vida

A la mierda el dinero, la repercusión que busco está en
el corazón.
Invertí pedazos de alma en esto, las ganancias serán para tapar
las fisuras.
Este libro es mi grito de vida arriba de la montaña, solo subí
hasta aquí para escuchar el eco.

50/50

¿Controlarla? Ella tiene voluntad propia, no es un accesorio decorativo, es una compañera.

No es una mascota a la que debo condicionar; adueñarse del otro, nadie tiene ese derecho.

Su estatus es de plena libertad y en esa libertad me elige a mí para estar a su lado.

Forzar lo que sea es antinatural y es peor cuando se intenta en el amor.

Y si va a dejarme será porque ella así lo quiere, y si va a quedarse será porque tiene sus motivos.

Somos 50/50, diferentes, pero en nuestra necesidad coincidimos.

Uno más uno no da dos, solo se vuelven un uno más completo.

Y no es que nos falte algo, simplemente somos más estando juntos; no es que ella no pueda vivir sin mí, no es que yo no pueda vivir sin ella, simplemente no queremos.

Escribiendo en el trabajo

Das el cien por ciento en un trabajo que no lo merece, te faltan
horas extras en casa.

Tu esfuerzo no se refleja en tu salario, pero tu ausencia sí se
resiente en tu familia.

Para el proletariado el dinero nunca va a alcanzar, para el
capitalista los obreros sobran.

Cállate, produce, llega temprano, no pidas aumento, agradece
por tener trabajo, maldito asalariado, pero en la entrevista
te dicen: Somos una familia, nos importa tu bienestar, todos
somos iguales.

El personal no debe tener aspiraciones, que se vaya de fiesta el
fin de semana, pero que vuelva el lunes.

La relación de empresa/empleado solo debe ser de servicio y
pago, nada más.

Antes de ponerme la camiseta de la empresa prefiero
irme desnudo.

Decir que la empresa te da de comer es pensar que el tiburón
en el mar te va a salvar de terminar ahogado.

Culpables

Te extrañaré hasta nuevo aviso, ¿pero si el viejo nunca se va? ¿Cuánto dura la condena? Nos atraparon en un delito menor. Habíamos arrancado jardines enteros y nos arrestaron por cortar una flor.

Esa corazonada pareciera que no indica nada, pero tiene toda la razón.

La intuición no necesita evidencia, puede identificar al pecado por su fragancia.

Ese instinto para descubrir de dónde viene el humo solo se obtiene provocando un incendio.

La prohibición existe para invitar, el placer no sería tan atractivo si no hablaran tan mal de él.

No somos traidores, la tentación es una ruleta rusa y nosotros jugamos con el cartucho lleno.

No hay coqueteo inofensivo, lo sexual es subliminal.

El deseo atrapado en lo inconsciente no escapó, nosotros lo dejamos salir.

Somos culpables sin culpa, el arrepentimiento es para aquellos que sufrieron de cargo de consciencia mientras lo hacían, pero no para nosotros.

Nos bebimos hasta la última gota, no dejamos nada en el plato, nos atragantamos hasta morir, pero aquí seguimos.

Frágil

Nadie quiere deshacerse del disfraz, su verdadera identidad se esconde bajo el maquillaje.

Pasan la mayor parte de la vida aparentando ser Superman, pero sangran como Clark Kent.

Su fortaleza hecha con muros de cartón a los que les dibujaron ladrillos.

Es triste presumir dureza donde solo hay debilidad, mostrar vulnerabilidad es un orgullo.

El frágil que muestra su sensibilidad se encamina a ser el más fuerte de todos.

Sin derecho

Amigos con derecho, pero sin el derecho de poseer, tan solo pedir prestado.

Rentado calor que se debe devolver, privilegios a medias.

Un amor tan disfrazado que ya no sabe lo que es.

Puede evolucionar o romperse, pero ya no puede volverse otra vez amistad.

Crecimiento personal

Y si me enamoré de muchas personas fue porque odié a pocas.
Y si todo está saliendo bien es porque no metí nada a la fuerza.
El silencio habló muy bien de mí, pero mis acciones mostraron
quién era.
Al corazón casi todo le parecía atractivo; sin embargo, el
cerebro siempre sospechaba de cualquier belleza.
Comencé a crecer cuando me asumí como pequeño, lo
magnífico ya no me sorprende, lo que busco lo encuentro en
lo simple.
Ahora sé que un abrazo vale más que el orgullo, que reír a
carcajadas es el mejor antidepresivo.
Me pongo esbelto con ejercicios de respiración, a la apariencia
le di la importancia que le correspondía.
Poco a poco voy soltando el ego, mi narcisismo está
perdiendo espejos.
Ya no estoy obligado a presumir, si algo o alguien me va a hacer
feliz no necesitará el halago o el insulto de nadie.

Promesa cumplida

Mi suspiro fue un sacrificio, murieron mis ideales, tu belleza fue más allá.

Hiciste que todos cantaran, los temores bailando se fueron a otro lugar.

Tu cuerpo mortal, tu ser infinito, hay millones de posibilidades.

Amor y libertad, eres la promesa que ya se cumplió.

¿Quién no moriría para complacerte?

pero ¿quién en verdad sería tan valiente como para vivir por ti?

Contemplando la noche

Árboles escandalosos ante el chisme del viento.

No se pueden escuchar los pasos de esos que no llevan peso.

Los párpados estorban, al pestañear perdiste la vida.

La luna derrama su sangre en la ciudad, ¿quién se atreverá
a beberla?

El lobo en el bosque se regocija, aún tiene carne en los dientes.

No hay cadáver que las hojas secas no puedan cubrir
pero aquel hombre lleva cargando una gran roca encadenada al
pecho, su caminata termina en el lago.

Sonreír duele, pero los testigos ríen con todas su fuerzas en un
acto de masoquismo.

El corazón, un juguete sangriento sin cuerda, prefiere ser
aplastado antes de apagarse.

Alumno

Déjame contemplarte en silencio, es lo único que te pediré.

Mi vida se agota, tu belleza me explota en la cara.

Mis pupilas dilatadas, nunca se cansan de ti.

Eres perdición, yo sí entendí la lección, pero me equivoco
a propósito.

y si amarte es un error, repetiré el curso eternamente.

Este amor, mi victoria está en confesarlo no en obtenerlo.

No quiero arrancar la flor, murió el sentimiento egoísta, sé que
tú solo brillas para ti.

La coincidencia de encontrarte me explicó que me crucé
contigo para aprender.

La clase terminó, es hora de irse; no olvidarte será mi mejor
tributo, dejar de idealizarte. Una promesa incumplida.

Costal lleno

Hoy tengo ganas de llorar, lo acumulado pide salir, el costal
está lleno.

Sentimientos espinados me lastiman, solo convertidos en
lágrimas pueden fluir

si no se quedan atascados hasta desbordarse provocando
un colapso

pero eso ya no pasa, ahora me desahogo a tiempo.

El dolor nos hace hermanos, el llanto nos libera cuando el
bienestar no promete volver.

Lloras a solas porque no quieres exponerte, pero el caparazón
no te protege por dentro.

No es debilidad, es catarsis, solución líquida que en vez de
beber viertes.

Los ojos empañados después de secarse podrán ver mejor y ahí
está la magia.

Desobediente

Reina en el jardín, llevas puesta una corona de flores.
Frente a frente, tus lentes reflejan mi fascinación.
No te das cuenta, cada vez que sonríes me salvas.
Mi depresión justificada pierde ante una crédula alegría.
Contigo todo es mejor.
La vida me había ordenado sufrir, pero tu amor me hizo un
maldito desobediente.

Vacío y vida

Ahorras años para conseguir algo que te dará bienestar por
unos minutos.
La magia no desaparece después del truco, nunca existió.
El paisaje se ve más bonito de lejos.
Somos perros persiguiendo autos, la emoción termina cuando
los alcanzas.
Somos abejas que van de flor en flor buscando una que
nos mate.
El vacío se llena de adentro hacia afuera, todo lo que le lances
desde el otro lado se hundirá en arenas movedizas.

Palomas mensajeras

Los besos que no te di son poesías que escribí, esas que navegan a la deriva.

¿Cuántas te oculté? ¿Cuántas de ellas las confesé aquí y ni siquiera te enteraste?

Los sentimientos son palomas mensajeras, a veces no llegan a su destino.

no obstante, el hecho de soltarlas, de dejarlas ir, nos salva.

Suspiros

No le temo al ataúd, yo sé que no estoy matando al tiempo, el tiempo me consume.

La arena en mi reloj se diluye, y aunque me quede ciego la vida siempre me dejará oler su perfume.

Sin proclamarme ganador
sin perder todas las veces
con un doctorado en el error
y una deuda en el amor con intereses.

El corazón, víctima de la belleza, ¿la deja ir o la secuestra en un poema?

El alma perturbada, que no puede acariciarla, vuelve a su deseo inspiración.

Amar es un suicidio necesario
arriesgar y saltar sin arneses
a veces lo pagas con creces
solo así se consigue lo extraordinario.

Sin horario, encuentra tu motivación; y cuando florezca la pasión, vuélvete loco.

Latido incendiario que no requiere explicación, ya tiene una misión, agitarte un poco.

No me equivoco, la vida es una amante que no quiere casarse contigo, no desea ser tuya, no quiere que le pertenezcas.

La muerte es la aventura de una noche, esa que al final termina en matrimonio.

Respira profundamente, intenta jalar la existencia, esa que dejas ir en los suspiros.

Telón abajo

Aquí termina el viaje.
Navegante de versos, degustadora de poesías.
¿Encontraste lo que estabas buscando?
Llegaste hasta aquí, significa que me has conocido como pocos.
Espero que tu inversión haya válido cada página.
Vuelve cuando quieras, ya sea para rascarte una herida o si
buscas enamorarte.
No voy a despedirme, este libro me hace inmortal.
Puedes volver a leer en cincuenta años y seguiré siendo
el mismo.

Telón abajo.

LECTURAS RECOMENDADAS

Amor fugaz soledad perenne (Ovidio Amante Urbano Martínez)

Volver a sonreír (José Araya)

Ave fénix. Poesía inspirada (Adrián Cerratto Quintana)

Nueva vida (Diego Garrido)

QBE DI AMORE (Elle Berriak)

Orgasmos definitivos (Manuel Javier López Méndez)

27 poemas de amor (Shirley Morales Estefan)

El eco de las palabras (José Angelino Leal)

Made in the USA
Columbia, SC
27 August 2022

65744929R00109